Dr. med. Anne Fleck | Dr. med. Jörn Klasen
Dr. med. Matthias Riedl | Dr. med. Silja Schäfer

Die Ernährungs Docs

Zuckerfrei gesünder leben

Mit Rezepten von Martina Kittler und
Texten von Franziska Pfeiffer

INHALT

Die Symbole bei den Rezepten

- Vegan
- Glutenfrei
- Vegetarisch
- Laktosefrei
- Ballaststoffreich *mehr als 10 g Ballaststoffe pro Portion*
- Low Carb *weniger als 30 Energie-% aus Kohlenhydraten*

WENIGER ZUCKER, MEHR GENUSS

Wenn es gelingt, versteckten Zucker zu entlarven und die Lust auf Süßes zu reduzieren, profitiert der ganze Körper davon. Wir werden gesünder, fitter, schlanker und können mehr leisten. Doch wie gelingt ein zuckerfreies Leben? Das ist das Thema dieses Buchs.

Dass isolierter Zucker uns nicht guttut, weiß wohl heute jeder. Trotzdem lieben wir die verführerische Süße und kommen nur sehr schwer davon los. Denn wenn es um unser tägliches Essen geht, ist Zucker fast überall. Er findet seinen Weg in den Magen nicht nur als Würfel, die wir bewusst in den Kaffee geben, sondern er schleicht sich regelrecht ein – versteckt, wo ihn niemand vermutet: in Gewürzgurken oder in der Tiefkühlpizza, im Krautsalat ebenso wie in Tütensuppen und Frühstücksflocken. Das Angebot an zuckerhaltigen Lebensmitteln ist so groß, dass Widerstand in vielen Fällen zwecklos ist. 80 Prozent aller Lebensmittel, die wir im Supermarkt kaufen, sind „verzuckert“!

Das weiße Pulver macht kurzfristig glücklich, sodass es kein Wunder ist, wenn wir immer mehr davon wollen und uns schnell an den süßen Geschmack gewöhnen. Viele Menschen mögen alles nur noch süß, weil sie es gar nicht mehr anders kennen. Sie sind damit an dem Punkt, an dem der Konsum für die Gesundheit gefährlich wird. Im Durchschnitt konsumieren die Deutschen viermal mehr Industriezucker, als die Weltgesundheitsorganisation WHO empfiehlt. Das kann der Körper kaum verkraften. Er wird krank und vorzeitig alt. Ein zu hoher Zuckerkonsum zählt zu den Top Five der Ernährungsfehler. Die Folgen sind dramatisch: Übergewicht, Diabetes Typ 2, Herzinfarkt.

Wir, die NDR-Ernährungs-Docs, haben uns für dieses Buch mit der Frage beschäftigt, wie ein Alltag mit möglichst wenig Industriezucker gelingen kann. Was müssen Sie als Leser dafür wissen? Wie erkennt man auf der Zutatenliste, wie viel Süße in einem Produkt steckt? Wie kann man auf natürliche Art gesund süßen? Wie gelingt es, sich den Süßgeschmack abzugewöhnen? Was bringen Süßstoffe & Co. als Zuckerersatz? Ist das weiße Pulver gar eine Droge, die süchtig macht? Um solche Fragen geht es im ersten Teil dieses Buchs.

Im zweiten Teil sind Sie dann selbst gefragt. Nehmen Sie unsere Rezepte zu Hilfe, um zuckergesund auf den Geschmack zu kommen. Verändern Sie Ihre Gewohnheiten, indem Sie schon beim Einkauf zu frischen und unverarbeiteten Lebensmitteln greifen. Meiden Sie süße Snacks zwischendurch, indem Sie sich zu den Mahlzeiten satt essen und Heißhunger gar nicht erst aufkommen lassen. Dass Zuckerverzicht nicht mit Genussverzicht gleichzusetzen ist, zeigen wir Ihnen mit unseren Rezepten ab Seite 34. Gesundheit und guten Appetit wünschen Ihnen

DAS VERLANGEN NACH DEM SCHNELLEN GLÜCK

Zucker tut uns nicht gut, das wissen die meisten. Dennoch bestimmt die ungesunde Süße entscheidend unser Essverhalten, denn das Verlangen nach zuckerhaltigen Leckereien ist uns angeboren. Wir sind regelrecht versessen darauf. Aber jeder kann gegensteuern!

Die Zahlen sind besorgniserregend: Wir essen viel zu viel Zucker – obwohl wir es besser wissen. Jeder Deutsche verzehrt zwischen 90 und 100 Gramm am Tag, also etwa 35 Kilo pro Jahr. Das ist viel mehr, als uns guttut. Die Weltgesundheitsorganisation WHO empfiehlt in ihrer aktuellen Richtlinie, in allen Lebensphasen höchstens zehn Prozent – am besten jedoch nur fünf Prozent – der täglichen Kalorien in Form von freiem Zucker aufzunehmen. Zehn Prozent entsprechen bei etwa 2500 Gesamtkalorien pro Tag gut 25 Gramm oder sechs Teelöffeln Zucker.
Mit „freiem Zucker" sind die Zuckerarten gemeint, die Speisen und Getränken hinzugefügt werden. Also nicht die Süße, die Milch, Möhren, Äpfel oder Erdbeeren von Natur aus enthalten.
Die Folgen unseres Zuckerkonsums sind fatal. Zucker macht nicht nur dick, sondern auch krank. Er liefert unserem Körper nichts außer überflüssigen Kalorien und führt damit direkt und indirekt zu Karies, Übergewicht, Diabetes Typ 2, Bluthochdruck, Fettleber, Nierenschäden, Herz-Kreislauf-Erkrankungen und möglicherweise auch zu Krebs.

Wir sind auf süß programmiert

Dass wir Zucker mögen, ist von der Natur vorgegeben. Süßer Geschmack signalisierte schon in grauer Vorzeit, dass etwas nicht giftig sein kann, sondern energiereich und genießbar ist. Solange Zucker nur in kleinen Mengen vorhanden war, gab es keine gesundheitlichen Probleme. Doch im Zeitalter des Überflusses konsumieren wir auch ihn im Übermaß. Ob unter Stress, aus Lust oder aus Frust: Wir greifen zu, obwohl wir eigentlich satt sind, und finden kein Ende. Denn Süßes spricht das Belohnungszentrum im Gehirn an und vermittelt Hochgefühle.

Wie Zucker gewonnen wird

Bei uns wird das „weiße Pulver" aus Zuckerrüben hergestellt, in tropischen Ländern aus Zuckerrohr. Ob Rübe oder Rohr – beide Pflanzen speichern Zucker direkt, und zwar in so großen Mengen, dass sie die einzigen Pflanzen sind, bei denen es sich lohnt, Zucker daraus zu gewinnen. Die weißen Rüben sehen aus wie eine Mischung aus Rettich und Kartoffeln. Sie wachsen unter der Erde und werden nach der Ernte vom Rübenacker in Zuckerfabriken gebracht. Dort werden sie gewaschen, gehäckselt und in mehreren Durchgängen gekocht, bis sich der Zucker aus den Rüben löst. Dabei entsteht eine Art Zuckersirup, aus dem in einem weiteren Verarbeitungsschritt Zuckerkristalle per Zentrifuge herausgeschleudert werden und als Haushaltszucker in die Küche kommen.

Zucker in Krautsalat und Currywurst

Das Tückische am Zucker ist nicht nur die Lust darauf, sondern auch die Tatsache, dass wir meist gar nicht merken, wie viel wir zu uns nehmen. Wer denkt bei Krautsalat, Tomatenketchup oder Currywurst schon an Zucker? Der wird nicht nur zugesetzt, um den Geschmack zu verbessern. Er hat auch noch andere Eigenschaften, die sich die Hersteller von Lebensmitteln zunutze machen. Er kann konservieren, die Konsistenz verändern oder die Farbe bestimmen. Nur über die Zutatenliste, auf der, meist versteckt, verraten wird, wie viel Süße ein Produkt enthält, erfährt der Verbraucher, was er da zu sich nimmt. Hat er den Zutatencode dann entschlüsselt, ist das Problem noch lange nicht gelöst. Auch mit reichlich Motivation, starkem Willen und dem Wissen, dass zu viel Süßes nicht guttut, können die meisten nicht widerstehen, wenn eine Kombination aus Fett und Zucker schnelle Sättigung und die Ausschüttung von Glückshormonen verspricht.

Fruchtzucker mit Folgen

Aber nicht nur der klassische Haushaltszucker birgt gesundheitliche Gefahren. In den letzten Jahren wurde die Wirkung von Fruchtzucker (Fruktose) zunehmend erforscht – mit dem Ergebnis, dass die natürliche Süße im Übermaß nicht unbedingt besser ist als die industriell hergestellte. Diese Gefahren sind kaum bekannt, denn erst einmal klingt Fruchtzucker gesund, was leider täuscht.

Dafür gibt es verschiedene Gründe. Zum einen hat Fruchtzucker eine höhere Süßkraft und ist billiger als Haushaltszucker. Deshalb wird er gerne in Fertigprodukten verwendet. Zum anderen macht er weniger satt, was die Gefahr birgt, dass man mehr isst. Dabei sind auch schlanke Menschen gefährdet. Denn viel Fruchtzucker führt zu Fetteinlagerung in der Leber (also zu einer Fettleber), die andere Erkrankungen nach sich zieht. Der Fruktoseüberschuss in der Leber kann außerdem den Harnsäurespiegel und den Blutdruck erhöhen. Daher wird Diabetes-Patienten heute – anders als früher – zur Vorsicht in Bezug auf Fruktose geraten.

Fruchtzucker gilt als Mitauslöser für den Anstieg von Fettleibigkeit weltweit. Ein weiterer Grund, diese Zuckerform zu meiden: Viele Menschen vertragen keine Fruktose, haben eine Fruktoseintoleranz oder -malabsorption, wissen es aber nicht. Der Konsum führt dann zu Darmbeschwerden.

Wie viel Zucker darf es denn sein?

Wie Hersteller den Gesamtzuckergehalt von Lebensmitteln bezeichnen dürfen, hängt davon ab, wie viel Zucker drin ist. Dabei bedeutet zuckerfrei keineswegs, dass ein Produkt tatsächlich keinen Zucker enthält. Grund genug, die Bezeichnungen genauer unter die Lupe zu nehmen:

- **Zuckerarme** Nahrungsmittel dürfen höchstens 5 Gramm Zucker pro 100 Gramm enthalten (bzw. 2,5 Gramm pro 100 Milliliter bei Getränken).
- Als **zuckerreduziert** gelten Produkte, die 30 Prozent weniger Ein- und Zweifachzucker als vergleichbare enthalten.
- Steht auf der Verpackung **ohne Zuckerzusatz,** darf das Produkt weder zusätzliche Ein- und Zweifachzucker noch Zusätze wie Honig enthalten.
- Auch **zuckerfrei** ist nicht ganz zuckerfrei. Das Nahrungsmittel enthält nur nicht mehr als 0,5 Gramm Zucker pro 100 Gramm oder pro 100 Milliliter.

Die tückische Süße findet sich vor allem in Fertiggerichten und Softdrinks. Meist wird Fruktose dabei in Form eines konzentrierten Fruktose-Maissirups zugesetzt. Es sind also nicht die ganzen Früchte wie Äpfel oder Birnen, die unsere Gesundheit mit Fruktose in Gefahr bringen. Verzichten Sie nicht auf Obst, denn darin stecken wichtige Vitamine und Ballaststoffe, die eben genau verhindern, dass der Zucker schnell in die Leber gelangt.

Vorsicht bei Light-Produkten

Süßstoffe sind keine gesunde Alternative. Sie enthalten zwar keine Kalorien, dennoch sollte man sie möglichst meiden. Denn sie verführen zum Mehressen und wirken möglicherweise appetitanregend. Kein Wunder, dass Süßstoffe sich zum Abnehmen nicht bewährt haben. Sie können die Darmflora schädigen und stehen außerdem im Verdacht, Diabetes zu fördern oder sogar auszulösen (siehe Seite 26). Auch Zuckeraustauschstoffe (wie Sorbit und Mannit) sind nicht uneingeschränkt empfehlenswert. Höher dosiert wirken sie abführend. Light-Produkte, die mit Süßstoffen hergestellt werden, können nur insofern hilfreich sein, als dass sie stark schwankende Blutzuckerverläufe glätten.

Unser Körper gewinnt aus Gemüse, Kartoffeln, Getreide und Vollkornprodukten genügend Glukose.

Einfach, zweifach, mehrfach

- **Einfachzucker** (Monosaccharide) sind die kleinsten Bestandteile der Kohlenhydrate. Dazu zählt auch Glukose (Traubenzucker). Sie wird vom Körper aufgenommen, ohne zerlegt zu werden.
- **Zweifachzucker** (Disaccharide) setzen sich aus zwei Zuckermolekülen zusammen. Der Körper spaltet sie, um sie zu verwerten. Sie kommen in Süßigkeiten, aber auch in Obst und Milch vor.
- **Mehrfachzucker** (Polysaccharide) bestehen aus vielen Einfachzuckermolekülen, die in langen Ketten aufgebaut sind. Sie sind in stärke- und ballaststoffreichen Lebensmitteln enthalten und lassen den Blutzuckerspiegel nur langsam ansteigen.

Wir brauchen keinen Haushaltszucker

Wer seine Ernährung umstellt, wird oft mit Halbwahrheiten konfrontiert, die irritieren. Lassen Sie sich nicht verunsichern, wenn Ihnen jemand sagt „Der Körper braucht doch Zucker“ oder „Jeder Mensch benötigt täglich eine Mindestmenge an Zucker, um in Schwung zu kommen“ und das als Rechtfertigung für drei Zuckerwürfel im Kaffee nimmt. Richtig ist: Wir brauchen keinen zusätzlichen Haushaltszucker! Das weiße Pulver gehört nicht zu den Grundnahrungsmitteln. Das Gehirn und andere Organe sind zwar auf den „Treibstoff“ Glukose angewiesen, doch diese kann der Körper aus anderen Nahrungsmitteln selbst produzieren – am besten aus stärkehaltigen Lebensmitteln wie zum Beispiel aus Kartoffeln, Brot oder Gemüse.

ZUCKER HAT VIELE NAMEN – EIN ÜBERBLICK

Zucker ist nicht nur der herkömmliche Haushaltszucker. Das weiße Pulver verbirgt sich auch hinter anderen Namen:

Saccharose, der normale weiße Haushaltszucker, ist ein Zweifachzucker aus je einem Molekül Glukose (Traubenzucker) und Fruktose (Fruchtzucker). Fruktosereicher Maissirup (Glukose-Fruktose-Sirup) ist dagegen eine Mischung aus den beiden Einfachzuckern Glukose und Fruktose. Glukose wird über die Blutbahn verteilt und mittels Insulin in die Zellen eingeschleust, für die sie als Energielieferant dient. Überschüsse werden in Fett umgewandelt und gespeichert. Fruktose, die von Natur aus in Früchten vorkommt, wird in der Leber verarbeitet, zu Glykogen umgewandelt oder in Form von Fett eingelagert. Im Übermaß lässt Fruktose die Leber aber verfetten und befördert das metabolische Syndrom. Früher, als Fruktose nur aus Früchten stammte, war es sinnvoll, dass der Körper im Frühjahr und Sommer Energie für den Winter bunkerte. Heute aber haben wir ausreichend Lebensmittel und nehmen zusätzlich zu viel Fruktose auf – sei es als normalen weißen Zucker oder als zugesetzten Fruktose-Maissirup.

Laktose (Milchzucker) ist ein Zweifachzucker aus Glukose und Galaktose (Schleimzucker) und von Natur aus in Milch enthalten. Obwohl Laktose nur etwa halb so süß ist wie Kristallzucker, wird sie Lebensmitteln zugefügt – als Streckmittel, Farbstabilisator, Füllstoff oder anderes.

Maltose (Malzzucker) ist ein Zweifachzucker aus zwei Molekülen Glukose. Sie steckt in Süßwaren, aber auch in Brot, Getränken (vor allem Bier und Malzbier) und Light-Produkten.

Selbst die Verantwortung übernehmen

Der Gesetzgeber ist in der Pflicht, der Lebensmittelindustrie vorzuschreiben, den Zuckergehalt der Produkte deutlich zu kennzeichnen. Doch bis dahin sollten Sie nicht warten. Nehmen Sie Ihr Projekt „Zuckerfrei" selbst in die Hand und betrachten Sie sich nicht als Opfer der Verhältnisse. Ergreifen Sie die Initiative und übernehmen Sie die Verantwortung für sich selbst. Ein Leben mit weniger Zucker ist keine Strafe, es ist zum großen Teil Gewohnheit. Und wenn die Umstellung gelingt, werden Sie reich belohnt: weniger Gewicht, bessere Zähne, schönere Haut, ein geringeres Krankheitsrisiko und mehr Zufriedenheit. Denn auch wenn Schokolade & Co. kurzfristig glücklich machen, trübt die Reue danach die Freude schnell wieder.

Ein Zucker-Bewusstsein entwickeln

Die ersten Schritte werden vermutlich schwerfallen, aber Sie sollten immer bedenken: Sie müssen sich künftig nicht zu 100 Prozent zuckerfrei ernähren. Denn das ist fast unmöglich und für die meisten Menschen im Alltag gar nicht zu schaffen. Es geht uns vielmehr darum, dass Sie ein Bewusstsein für Ihren Zuckerkonsum entwickeln, gesunden von ungesundem Zucker unterscheiden können und kleine Ausnahmen bei einer ansonsten ausgewogenen, gesunden Ernährungsweise genießen. Sie sollten langsam starten und sich Schritt für Schritt entwöhnen. Erfahren Sie auf den nächsten Seiten, welche Wirkungen Industriezucker auf unseren Körper hat und wie Sie unter den vielen Alternativen die von Natur aus gesunden Zuckersorten auswählen.

KURIOSES UND WISSENSWERTES

Hätten Sie gewusst, dass Goethe ohne Schokolade nicht auf Reisen ging? Dass Früchte extrasüß gezüchtet werden und ausgerechnet ein Zahnarzt eine Maschine zur Herstellung von Zuckerwatte erfand? Lesen Sie hier Kurioses und Wissenswertes aus der Welt des Zuckers.

Lieber Kekse als Drogen

Wissenschaftler verabreichten Ratten Kokain, Morphium und Kekse und stellten fest, dass die süßen Kekse das Gehirn der Tiere noch mehr stimulierten als harte Drogen. Auch in anderen Tierversuchen wurden Suchtkennzeichen beobachtet. So ließen sich Ratten nicht einmal durch Elektroschocks von Leckereien fernhalten. Sie reagierten mit Zittern und Angst, wenn man ihnen die süße Nahrung wegnahm. Als den Tieren verdünnter Alkohol zur Verfügung gestellt wurde, fand eine Suchtverlagerung statt: Sie tranken mehr davon als nicht zuckersüchtige Ratten. Ob sich diese Erkenntnisse auf Menschen übertragen lassen, ist noch umstritten.

Zuckerwatte vom Zahnarzt

Extrem süß, klebrig und bei Kindern heiß begehrt: So kennen wir Zuckerwatte vom Jahrmarkt, von Volksfesten oder aus dem Zirkus. Erfunden wurde der „gesponnene" Zucker aus der Maschine, so wie wir ihn heute kennen, ausgerechnet von einem Zahnarzt: Im Jahr 1897 ließ sich der US-Amerikaner William James Morrison – zusammen mit einem Konditor – die erste elektrische „Zuckermaschine" patentieren. Darin wird Zucker zu langen, dünnen Fäden verarbeitet, die dann um einen Stab gewickelt werden. Farbstoffe machen die Watte bunt.

Süßes Verlangen

Übermäßiges Verlangen nach Süßem ist keine Erscheinung der Neuzeit. So soll der große Dichter Johann Wolfgang von Goethe (1749–1838) süchtig nach Schokolade & Co. gewesen sein. Wenn er auf Reisen ging, musste die braune Verführung zwingend mit ins Gepäck. Konnten die Angestellten keinen Kakao besorgen, sagte er Dienstreisen ab.

Braun oder weiß?

Ist brauner Zucker gesünder als weißer? Das glauben viele Menschen – wahrscheinlich weil die Farbe braun natürlicher aussieht. Doch es ist ein Trugschluss. In Sachen Kalorien gibt es keinen Unterschied. Ob weiß oder braun, 100 Gramm Zucker liefern 400 Kilokalorien. Auch für die Zähne sind beide Sorten gleich schlecht. Allerdings enthält der braune Zucker im Gegensatz zum weißen kleine Spuren von Mineralstoffen. Die sind aber so gering, dass man deshalb nicht umsteigen muss. Unterschiede gibt es beim Geschmack und bei der Haltbarkeit: Brauner Zucker schmeckt etwas malziger und verdirbt schneller. Die braune Farbe kommt von Sirupresten aus dem Herstellungsprozess.

Gib dem Affen keinen Zucker

Schluss mit süßen Früchten: Ein Zoo in Melbourne strich seinen Affen die Bananen, weil die Tiere Diabetes, Übergewicht und schlechte Zähne bekamen. Ob Äpfel, Pflaumen oder Bananen – der Zoo ersetzt Obst zunehmend durch grünes Blattgemüse, nachdem Lebensmittelwissenschaftler festgestellt hatten, dass sich der Zuckergehalt in Bananen & Co. in den letzten 20 Jahren verdoppelt hat. Viele Früchte werden heute gezielt auf süßen Geschmack gezüchtet und haben deshalb einen unnatürlich hohen Fruchtzuckergehalt.

Hohe Aufnahmekapazität

Kaum zu glauben, aber wahr: Eine Tasse Wasser kann zwei Tassen Zucker aufnehmen. Das liegt daran, dass die Moleküle von Zucker und Wasser polar sind, sich also gegenseitig anziehen und „umschlingen“. Allerdings kann man Zucker nicht einfach ins Wasser schütten – dann würde er sich als dicker Belag auf dem Boden absetzen. Erst durch Umrühren und Erhitzen finden Wasser und Zucker platzsparend zueinander.

Sammelleidenschaft

Ob im Café, in der Kneipe oder im Restaurant: Viele Menschen nehmen Zuckertütchen oder -würfel mit nach Hause und sammeln sie. Es gibt sogar einen deutschen Zuckersammler-Klub mit Mitgliedern, die mehr als 160 000 Stück Würfelzucker im Haus haben (www.zuckersammler.de).

VORSICHT VOR VERSTECKTEM ZUCKER

Süßes enthält reichlich Zucker, das ist bekannt. Doch kaum jemand weiß, dass die Hersteller von vermeintlich gesunden Krautsalaten, Apfelsäften, Bio-Müslis und Fertigsaucen uns heimlich Zucker unterjubeln. Hier verraten wir, wie Sie den versteckten Krankmachern auf die Spur kommen.

Das kann doch nicht so schwer sein, könnte man meinen: Man lässt den Zucker im Kaffee weg, trinkt Wasser gegen den Durst, verzichtet auf Schokoladenkekse, Eis und andere Naschereien – und schon ist man auf der sicheren Seite, oder? Ganz so einfach ist es leider nicht. Diese Maßnahmen sind zwar richtig und sinnvoll, reichen aber nicht aus. Vor allem wer häufig zu Fertigprodukten greift, nimmt ungewollt erhebliche Mengen an isoliertem Zucker zu sich – meist ohne es zu merken. Von dem Zucker, den wir täglich essen, ist nur ein Bruchteil der Zucker, den man sich zum Beispiel in den Kaffee rührt oder zum Kuchenbacken benötigt. Eine deutlich größere Menge versteckt sich in verarbeiteten Lebensmitteln und Fertiggerichten.

Die größten Zuckerfallen

Limonaden und Cola sind süß. Dass sie reichlich Zucker enthalten, überrascht daher nicht. Das Ausmaß aber erschreckt dann doch: In einer kleinen Viertelliterdose stecken zwischen neun bis zehn Zuckerwürfel (1 Würfel = 3 g Zucker), mehr als die von der WHO empfohlene Tageshöchstdosis. Mit einer kleinen Flasche (ca. 330 ml) ist die Dosis bereits weit überschritten: etwa 13 Zuckerwürfel. Und mit einer Halbliterflasche (18 Zuckerwürfel) hat man bereits die WHO-Zuckermenge für drei Tage ausgeschöpft! Softdrinks sind die Hauptursache für die weltweit grassierende Übergewichtsepidemie.

Der Trick: viele Namen, eine Sache

Lebensmittelhersteller sind nicht verpflichtet, Mengenangaben zu ihren Zutaten zu machen. Die Reihenfolge der Zutatenliste muss aber den enthaltenen Mengen entsprechen. Das heißt, die Hauptbestandteile des Produkts müssen ganz vorn in der Liste stehen. Demnach würde Zucker sehr häufig zu den Spitzenreitern zählen. Weil es Verbraucher aber abschrecken könnte, wenn sie auf den ersten Blick Zucker als Hauptzutat identifizieren, greifen die Hersteller gern zu einem Trick: Sie süßen mit mehreren unterschiedlichen Zuckerarten, die dann prozentual eine geringere Menge ausmachen. Somit tauchen sie viel weiter unten auf der Zutatenliste auf und sind nicht ohne Weiteres als Zucker erkennbar (siehe Tabelle Seite 15).

Werden Sie zum Zucker-Detektiv!

In einer Fertigportion Currywurst etwa fanden Experten eine Zuckermenge von über 26 Gramm, von der aber nur ein Teil ausdrücklich als Zucker deklariert war. Der Rest tarnte sich als Apfelmark und Tomatenmark in der Sauce und Dextrose (Traubenzucker) im Fleisch. Viele herzhafte Tiefkühlgerichte wie zum Beispiel Tiefkühlpizza sind übrigens auch zusätzlich gesüßt. Hier ist ebenfalls ein kritischer Blick auf die Zutatenliste hilfreich.
Im Folgenden geben wir Beispiele für Lebensmittel, die besonders gern zusätzlich gesüßt sind:

Obstsäfte und Fruchtnektar

Anders als Softdrinks sehen Obstsäfte und Fruchtnektar gesund aus. Sie gehören für viele selbstverständlich auf den Frühstückstisch. Schließlich weisen Etiketten mit leuchtenden Orangen oder knackigen Äpfeln auf wertvolle Vitamine hin. Dabei vergessen die meisten, dass es eigentlich keinen Grund gibt, Früchte zu trinken, statt sie zu essen. Obst enthält von Natur aus reichlich Zucker: Äpfel zum Beispiel haben rund elf Prozent, Orangen neun, Bananen gut 20 und Erdbeeren fünf Prozent Zucker. Das ist nicht wenig. Dennoch sind Früchte gesund, denn ihr Zucker wird begleitet von sättigenden Ballaststoffen und gelangt somit nur langsam ins Blut. Ganz anders sieht es mit Fruchtsäften aus: 1 Liter Apfelsaft enthält etwa 120 Gramm Zucker, so viel wie 40 Zuckerwürfel! Ähnliches gilt für Ananas-, Orangen-, Kirsch- oder Birnensaft. Wenn „Saft“ auf dem Etikett steht (und nicht „Fruchtsaftgetränk“ oder „Fruchtnektar“), stammt die Süße zwar ausschließlich aus der Frucht und es wurde nicht noch zusätzlich weiterer Zucker untergemischt. Dennoch gilt der Rat: Obst lieber essen statt trinken. Es ist sehr viel besser, die ganze Frucht samt gesunden Ballaststoffen zu verzehren. Auch nimmt man so automatisch viel weniger Zucker auf. ½ Liter Apfelsaft ist schnell runtergekippt – aber wer würde schon innerhalb kurzer Zeit die drei bis vier Äpfel essen, die darin stecken?

Dosenfrüchte und Trockenobst

Ob eingelegt oder getrocknet, konservierte Früchte sind wahre Zuckerbomben: Eine kleine Konservendose Ananas von 450 Gramm enthält 54 Gramm Zucker. Das ist so viel wie 18 Zuckerwürfel. Selbst Trockenfrüchten, die von Natur aus schon sehr süß sind, wird von manchen Herstellern noch Kristallzucker zugesetzt. In einer kleinen Tüte Cranberrys (125 Gramm) fanden Prüfer umgerechnet 26 Zuckerwürfel. Und selbst in fertig gegartem Rotkraut aus dem Bioladen finden sich elf Prozent Zucker – das macht 25 Zuckerwürfel pro Glas.

Cornflakes und Müsli

Müsli gilt als gesundes Frühstück. Leider hat man mit einer großen Schale manchmal schon am frühen Morgen die erlaubte Tagesmenge an Zucker intus oder überschritten. So stecken in 100 Gramm Knuspermüsli acht Zuckerwürfel – die Kohlenhydrate aus Getreide, die vom Körper zu Zucker zerlegt werden, noch nicht eingerechnet. Auch bei Bioprodukten sieht es nicht anders aus: In verschiedenen untersuchten Müslis reichten die Zuckermengen von sechs bis siebeneinhalb Würfeln pro 100 Gramm. Ein besonders zuckerarmes Müsli, beworben mit der Aufschrift „weniger süß“, enthielt immer noch 5,5 Gramm. Cornflakes bestehen zu 37 Prozent aus Zucker – auch ohne frostig-weißen Überzug.

Fruchtjoghurt

Auch hier täuschen Bilder von frischen Früchten auf dem Deckel über den klebrigen Inhalt hinweg. Ein kleiner Becher Fruchtjoghurt (150 Gramm) enthält 24 Gramm Zucker. Nur 7,5 Gramm davon sind Milchzucker, der von Natur aus in Joghurt enthalten und unbedenklich ist. Immerhin 16,5 Gramm aber sind zugesetzter Zucker, also so viel wie fünfeinhalb Zuckerwürfel. Joghurt-Drinks haben es ebenfalls in sich: In einem 400-ml-Erdbeershake können durchaus 20 Zuckerwürfel stecken. Ein Multivitamin-Buttermilch-Drink wies bei einem Test schockierende 21 Zuckerwürfel auf.

Fertigsalate und -gemüse

Mit Gemüse und Saurem kann man eigentlich kaum etwas falsch machen, denken die meisten. Und irren sich leider. Denn sobald Kohl & Co. als Fertigprodukt daherkommen, ist es vorbei mit dem Vorsatz „Heute essen wir mal zuckerfrei“. Weißkraut, Rotkohl, Essiggurken: Gemüse strotzt vor Vitaminen und Mineralstoffen und ist, wie jeder weiß, gesund. Eigentlich. Leider versteckt sich unerwartet viel Zucker in Konserven und Gläsern. Essigsaure Gurken zum Beispiel werden üblicherweise mit vier Stück Würfelzucker im Glas abgemildert. Meist steckt zudem viel Zucker im Dressing: In einer 400-Gramm-Packung Krautsalat wurden 52 Gramm Zucker gemessen, etwa 17 Zuckerwürfel. Auch Heringssalat wird mit gezuckertem Dip aufgepeppt.

Achtung bei Endungen mit -ose

Generell gilt: Hinter unverständlichen Fremdwörtern, die auf -ose enden, verbirgt sich eine Form von Zucker. Dazu gehören zum Beispiel Saccharose, Fruktose, Glukose, Laktose oder Maltose (siehe Seite 15). Dazu kommen noch andere Bezeichnungen, hinter denen sich Zucker versteckt: Karamellsirup, Stärkesirup, Raffinose, Dextrin, Maltodextrin, Weizendextrin, Süßmolkenpulver, Magermilchpulver, Gerstenmalz oder Gerstenmalzextrakt. Gesüßt wird manchmal auch mit zuckerreichen Zutaten wie Honig, Agavendicksaft, Fruchtkonzentraten, Apfelfruchtsüße, Traubenmostkonzentrat und Traubenfruchtsüße – alles Formen von Zucker. Wer kann sich die schon alle merken, um dann im Supermarkt das Kleingedruckte auf der Verpackung damit abzugleichen? Wir empfehlen deshalb eine Faustregel: Enthält ein Produkt laut seiner Zutatenliste mehr als fünf verschiedene Zutaten, lassen Sie es im Regal stehen. Selbst kochen ist die beste Alternative.

Ketchup und Dressings

Vor allem Kinder lieben die rote Sauce und lassen sich mit dem Argument „Du darfst Ketchup drauftun“ leichter zum Gemüseessen verführen. Doch letztlich tut man ihnen damit keinen Gefallen. Rund ein Fünftel von Ketchup ist purer Zucker, je nach Marke betrug der Anteil bei Tests zwischen 17 bis 23 Prozent – Letzteres bedeutet 56 Zuckerwürfel pro Dreiviertelliterflasche. Barbecue-Saucen bestehen nicht selten sogar zu einem Viertel aus Zucker. Mit Süße nicht gespart wird auch bei fertigen Salatdressings: Je nach Hersteller bestehen sie zu zehn bis 20 Prozent aus Zucker. Pro Portion (ca. 30 ml) muss man also mit ein bis zwei Zuckerwürfeln rechnen.

Kindersnacks

Die verschiedenen Milchsnacks und Milchschnitten enthalten je nach Marke zwischen 30 und 40 Prozent Zucker. Auch wenn die Süßigkeiten klein sind, macht das zwischen drei und vier Zuckerwürfel pro Stück. Wer auf vermeintlich gesunde Müsliriegel als Pausensnack umsteigen will, sollte wissen: Auch die schlagen mit etwa drei Zuckerwürfeln pro Stück zu Buche. Verbraucherschützer warnen zu Recht vor speziellen Kinderlebensmitteln, denn diese sind meist zu fetthaltig und zu süß. Nach dem ersten Lebensjahr sind Kinder mit unverarbeiteten frischen Lebensmitteln am besten versorgt.

AUF EINEN BLICK: ZUCKER ALS ZUSATZSTOFF

Deutscher Name	Latein. Name	Auch bekannt als	Natürliches Vorkommen, Herkunft und Besonderheiten	Chemische Form
Fruchtzucker	Fruktose	Laevulose	• Natürlich in süßen Früchten • Bestandteil vieler Zuckergemische und Zuckerverbindungen (z. B. Haushaltszucker) • Ist süßer als Traubenzucker	Einfachzucker
Glukosesirup, Fruktosesirup	Isoglukose	Maiszucker, Maissirup, Stärkesirup, Stärkezucker	• Industriell aus Stärke hergestellt • Gemisch aus Traubenzucker und Fruchtzucker in veränderlichen Anteilen (Glukose-Fruktose-Sirup, Fruktose-Glukose-Sirup, HFCS)	Einfachzucker
Invertzuckersirup	Invertose	Invertzucker	• Industriell hergestellt durch Auflösung (Inversion) von Saccharose • Gemisch aus 50 Prozent Traubenzucker (Glukose) und 50 Prozent Fruchtzucker (Fruktose)	Einfachzucker
Schleimzucker	Galaktose		• Natürlich als Baustein verschiedener Zuckerarten (z. B. des Milchzuckers)	Einfachzucker
Traubenzucker	Glukose	Dextrose	• Natürlich in süßen Früchten • Industriell hergestellt aus Kartoffelstärke oder Maisstärke • Im Körper als „Blutzucker" – wichtiger Treibstoff aller Zellen	Einfachzucker
Haushaltszucker	Saccharose	Rübenzucker, Rohrzucker	• Natürlich in Zuckerrohr und Zuckerrüben • Besteht aus Glukose- plus Fruktosemolekül	Zweifachzucker
Milchzucker	Laktose		• Natürlich in Milch und Milchprodukten • Besteht aus Glukose- plus Galaktosemolekül	Zweifachzucker
Malzzucker	Maltose		• Natürlich in Gerstenmalz, Bier, Brot, Cerealien • Besteht aus zwei Glukose-Molekülen • Industriell aus Stärke hergestellt	Zweifachzucker
Maltodextrin	Maltodextrin		• Industriell aus Stärke hergestellt • Gemisch verschieden langer Glukoseketten – nur schwach süß, aber sehr energiereich	Mehrfachzucker
Zuckeraustauschstoffe	Sorbit, Mannit, Isomalt, Polyglycitolsirup, Maltit, Lactit, Xylit, Erythrit	E 420 E 421 E 953 E 964 E 965 E 966 E 967 E 968	• Industriell aus verschiedenen Zuckerarten hergestellt • Werden bei der Verdauung langsamer verwertet und unabhängig vom Insulin verstoffwechselt	Zuckeralkohol

RAUS AUS DER ZUCKERFALLE

Das Knuspermüsli sieht gesund aus. Ein bisschen Ketchup kann doch nicht so schlimm sein. Cranberrys zählen zu den Superfoods und Ananas gilt als Schlankmacher. Dass diese Lebensmittel echte Zuckerbomben sind, weiß kaum jemand. Sehen Sie hier auf einen Blick, wie viel Zucker wo drinsteckt. Beim nächsten Einkauf im Supermarkt werden Sie achtsamer sein.

In 80 Prozent aller Lebensmittel aus dem Supermarkt ist Zucker enthalten!

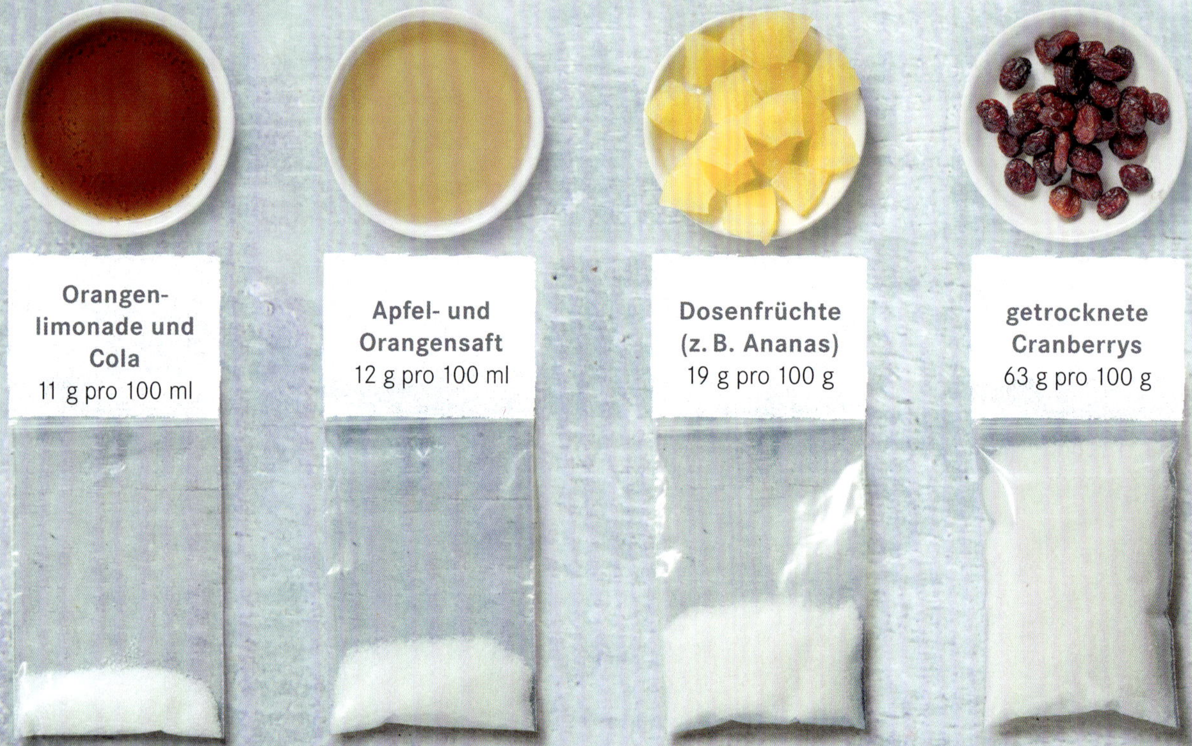

Knusper-
Müsli
24 g pro 100 g
Frucht-
joghurt
17 g pro 100 g
Joghurt-Drink
Erdbeere
15 g pro 100 ml
fertiger
Krautsalat
13 g pro 100 g
Ketchup
22 g pro 100 ml
Barbecue-
Sauce
22 g pro 100 ml
Milchsnacks/
-schnitten
9–12 g pro Stück
Müsliriegel
mit Nüssen
9 g pro Stück

DER SÜSSE KRANKMACHER

Vom Gehirn über das Immunsystem bis zu Knochen und Gelenken – zu viel Zucker erhöht das Risiko für zahlreiche Krankheiten. Vor allem der Fruchtzucker setzt einen verhängnisvollen Prozess in Gang, der möglicherweise viel gefährlicher ist, als bisher angenommen wurde.

Übergewicht, schlechte Zähne, Diabetes – wer zu viel Zucker isst, setzt sich nicht nur den bekannten Gefahren aus. Die süßen Kristalle sind möglicherweise noch schädlicher, als bisher bekannt war, und können im Übermaß zu zahlreichen schweren Erkrankungen führen. Denn das süße Gift greift den Körper in verschiedenen Formen an. Das liegt daran, dass sich jede Zuckersorte aus unterschiedlichen Molekülen zusammensetzt, die ebenso unterschiedlich auf den Organismus wirken. Das Gefährliche daran: Meist ahnen wir nichts davon. Während Eltern ihre Kinder zum Beispiel den Zähnen zuliebe von Süßigkeiten fernhalten, lassen sie sie Fruchtsäfte und Limonaden trinken, die vielleicht viel schädlicher sind. Schlanke Menschen trösten sich gerne mit Süßem, nach dem Motto „Ich kann mir das leisten" – und ahnen nicht einmal, dass selbst Idealgewicht nicht zwangsläufig vor einer Fettleber schützt.

Zu viel Fruktose überlastet die Leber

Die Zusammenhänge sind recht kompliziert. Um die Vorgänge im Körper zu verstehen, muss man wissen: Zucker ist nicht gleich Zucker. Ob Saccharose, Glukose oder Fruktose – jede Zuckerform wird anders verarbeitet. Beim normalen Haushaltszucker handelt es sich um einen Zweifachzucker namens Saccharose. Der wird in die beiden Einfachzucker Glukose (oder Traubenzucker) und Fruktose zerlegt. Die Fruktose ist dabei der bedenkliche Anteil, denn sie wird anders als Glukose ausschließlich in der Leber verarbeitet. Die verwandelt einen Teil davon in Fettsäuren, die sie über den Blutkreislauf in den Körper schickt. Bei zu viel Fruktose (zum Beispiel, indem wir sehr viel Fruchtsaft trinken) schafft die Leber ihre Arbeit nicht mehr, gerät aus dem Gleichgewicht und produziert mehr Fettsäuren als nötig. Sie ist nicht mehr in der Lage, diese in den Blutkreislauf zu bringen. Also muss sie die Säuren selbst einlagern – und zwar in Form von Fettsäuren beziehungsweise Fett. Kein Wunder, dass eine fruktosereiche Ernährung zur Verfettung der Leber führt. Die Fettleber bewirkt eine Insulinresistenz, die wiederum die Fettbildung fördert. Ein Teufelskreis!

Fruktose macht Hunger auf mehr

Ein weiterer Nachteil von Fruktose besteht darin, dass sie keine Ausschüttung des Sättigungshormons Leptin bewirkt. Eine Studie aus den USA konnte zeigen, dass ein überhöhter Fruktosekonsum gar nicht satt macht, sondern umgekehrt sogar Hunger auf mehr auslöst. Das heißt: Obwohl wir Energie aufnehmen, bleibt der Appetit bestehen. Die Folge: Wir essen weiter.

Der Stoffwechsel wird beeinträchtigt

Vermutlich setzt die Reaktion der Leber einen verhängnisvollen Prozess in Gang, der noch nicht genau erforscht ist, aber an verschiedenen Stellen seine Spuren hinterlässt: Durch spezielle Abbauprozesse erhöht Fruktose den Harnsäurewert – mit der Folge, dass Harnsäure sich in den Gelenken ablagert und bei Gichtkranken Entzündungen verursacht. Zusätzlich gelangen Fette in die Gefäße und Zuckermoleküle ins Blut. Die Folgen können Bluthochdruck, Herz-Kreislauf-Erkrankungen, Stoffwechselstörungen, Übergewicht, schlechte Blutfettwerte und Diabetes Typ 2 sein. Manche Studien weisen auch darauf hin, dass ein hoher Zuckerkonsum zu Demenz, Depressionen oder Krebs führen kann. Forschungen legen die Vermutung nahe, dass Fruktose im Übermaß den Stoffwechsel stärker beeinträchtigen könnte als zu viel Glukose, deren Ruf als Dick- und Krankmacher besser bekannt ist.

Die Ernährungs-Docs

Ein konstanter Blutzuckerspiegel ist gut für die Gesundheit, liefert Energie und verhindert Heißhungerattacken. Zwar reagiert jeder Körper ein wenig unterschiedlich auf einzelne Lebensmittel. Doch es gibt allgemeingültige Tipps, um starke Schwankungen des Blutzuckerspiegels zu vermeiden:

- **Ballaststoffe** verzögern die Zuckeraufnahme. Verzichten Sie daher auf süße Getränke und essen Sie lieber Früchte, statt Fruchtsaft zu trinken. Beste Ballaststofflieferanten sind Vollkornprodukte.
- Auch **Fett** bremst den Blutzuckeranstieg. Das können Sie sich bei Ihren Mahlzeiten zunutze machen. So bewirken Kartoffeln mit Butter einen deutlich geringeren Blutzucker- und Insulinanstieg als Kartoffeln allein. Ähnliches gilt auch für die Kombination von Nudeln und Öl.
- Ein **Dessert** nach dem Essen treibt Ihren Blutzucker weniger nach oben als Süßigkeiten zwischendurch auf leeren Magen. Deshalb sollten Sie sich Pudding, Eis, Kuchen, Kekse oder Schokolade lieber als Nachtisch gönnen und nicht als Snack – wenn Sie das Naschen nicht ganz sein lassen können.

Heißhunger nach zu viel Glukose

Glukose, der zweite Einfachzucker im Haushaltszucker, wird im Dünndarm von winzigen Ausstülpungen, den Mikrovilli, aufgenommen und ins Blut abgegeben. Das birgt bei größeren Mengen andere Gefahren als die der Fruktose, die aber auch nicht zu unterschätzen sind. Essen wir sehr viel isolierten Zucker, übersteigt der Blutzuckerwert den schmalen Bereich, den der Körper mittels Insulin einzuhalten versucht. Es kommt zu einer Blutzuckerspitze nach der Mahlzeit. Wenn das Gehirn überschüssige Glukose im Blut registriert, sendet es ein Signal an die Bauchspeicheldrüse. Deren Betazellen, die den ganzen Tag über kleine Mengen Insulin ausstoßen, schütten dann mehr aus, um den Blutzuckerspiegel wieder auf das Normalmaß zu senken. Wenn man viel Zucker verzehrt und der Blutzucker stark ansteigt, kann es demnach zu einer Überreaktion kommen. Die sich daraus ergebende Unterzuckerung hat paradoxe Folgen: Sie macht nach der Mahlzeit hungrig. Denn sie kann Heißhunger verursachen, obwohl man gerade gegessen hat und eigentlich satt sein sollte. Wichtig ist also ein langsamer Blutzuckeranstieg – zum Beispiel, indem man reichlich Stärke aus Gemüse und Vollkornprodukten zu sich nimmt.

In Fett verwandelt und gespeichert

Wohin soll der Stoffwechsel mit all der überschüssigen Glukose, die er aus dem Blut entfernen möchte? Zunächst deponiert er sie als Glykogen in der Leber. Sind diese Speicher gefüllt, wird sämtlicher Blutzucker, der nicht von Muskeln, Herz, Gehirn oder Leber verwertet werden kann, in Fett umgewandelt und in Fettzellen gespeichert. Je mehr überschüssiger Zucker im Blut kreist, desto mehr Fett wird gebunkert. Die Folge: Zucker macht dick.

Zu viel Insulin macht krank

Wenn die Zellen keinen weiteren Zucker mehr aufnehmen können, reagieren sie nicht mehr richtig auf das Hormon Insulin. Steigt nun der Blutzuckerspiegel, schüttet die Bauchspeicheldrüse mehr Insulin aus als sonst, um die widerstrebenden Zellen dazu zu zwingen, den überschüssigen Zucker aus dem Blut aufzunehmen. Aber die Zellen sind ja bereits voll. In ihrer Not schotten sie sich noch weiter ab. Es kommt zu einer Insulinresistenz und zu Diabetes Typ 2. Ein hoher Insulinspiegel und Insulinresistenz machen nicht nur dick und führen zu Diabetes, sondern tragen ursächlich zu vielen anderen Zivilisationskrankheiten bei. Dazu gehören unter anderem:

» Ängste und Depressionen

Süßigkeiten heben die Stimmung, aber der Effekt ist leider nicht von Dauer. Auf lange Sicht bewirkt Zucker das Gegenteil: Etliche Studien haben einen statistischen Zusammenhang zwischen hohem Zuckerkonsum und einer erhöhten Wahrscheinlichkeit für Depressionen oder Ängste festgestellt. In einer neueren Untersuchung hatten Männer, deren Zuckerverbrauch im oberen Drittel der Stichprobe lag, um 23 Prozent häufiger Ängste und Depressionen als Männer, die mit weniger als 40 Gramm Zucker am Tag im unteren Drittel lagen. In einer anderen Studie mit älteren Frauen gab es einen Zusammenhang zwischen Ernährung, die den Blutzucker nach oben treibt, und dem Depressionsrisiko. Der Verzehr von ballaststoffreichem Gemüse und Obst war mit einem geringeren Risiko verknüpft. Aber auch in anderer Hinsicht beeinträchtigt Zucker die geistige Gesundheit: Konzentrationsstörungen, Hyperaktivität, emotionale Labilität und suchtähnliche Verhaltensweisen wurden in Untersuchungen ebenfalls mit Zuckerkonsum in Verbindung gebracht.

» Erhöhtes Demenzrisiko

Eine zuckerreiche Ernährung kann auch das Risiko, im Alter dement zu werden, erhöhen. Die Alzheimerkrankheit könnte nach Meinung einzelner Forscher starke Parallelen zum Diabetes Typ 2 aufweisen, mit dem Unterschied, dass nicht Körperzellen, sondern Gehirnzellen insulinresistent geworden sind. Zucker und Insulin stellen normalerweise die Energieversorgung der Gehirnzellen sicher. Ist der Zucker- und Insulinstoffwechsel gestört, werden die grauen Zellen nicht mehr ausreichend mit Energie versorgt. Irgendwann kommt es zu Funktionsausfällen und die Gehirnzellen gehen zugrunde. Zucker unterdrückt auch die Aktivität von BDNF (Brain-Derived Neurotrophic Factor), einem Wachstumshormon, das die Bildung von Nervenzellen anregt und für das Denken und das Gedächtnis unverzichtbar ist.

» Karies: Säuren greifen Zähne an

Im Zahnbelag leben Bakterien, die sich von Zucker und anderen Kohlenhydraten in der Nahrung ernähren. Diese wandeln sie in Säuren um, die wiederum den Zahnschmelz angreifen. Mit der Zeit entsteht so Karies. Menschen, die von Natur aus eher sauren Speichel haben, sind besonders anfällig dafür.

» Herz-Kreislauf-Erkrankungen

Ein einziges zuckerhaltiges Erfrischungsgetränk am Tag erhöht die Wahrscheinlichkeit für Kalziumablagerungen in den Arterien um 70 Prozent und das Risiko für einen Herzinfarkt um 30 Prozent – das haben Studien gezeigt. Fruchtzucker erhöht den Triglyceridwert. Triglyceride sind Bestandteil aller Lipoproteine (Blutfette), ein besonders großer Anteil wird von Bestandteilen des Blutplasmas, den Very-Low-Density-Lipoproteinen, mitgeführt. Im Gegensatz zum Gesamtcholesterinwert, der wenig Aussagekraft hat, geht eine große Menge dieser Partikel mit einem erhöhten Risiko für Bluthochdruck und möglichen Folgen wie Herz- und Hirninfarkt einher.

» Gefährliche Fettleber

Eine Leber, die zu viel Zucker verarbeiten muss, kann verfetten. Etwa jeder Dritte in der westlichen Welt und jeder Vierte in Deutschland hat eine Fettleber entwickelt, meist ohne es zu wissen. Die nichtalkoholische Fettleber begünstigt die Entwicklung von Insulinresistenz, Diabetes Typ 2, Fettleberentzündung, Leberzirrhose mit Leberversagen und Leberkrebs, sodass Zucker direkt und indirekt zu Krebs führen kann.

» Entzündungen und Altersschäden

Zucker belastet das Bindegewebe. Er verhärtet und beschädigt das Kollagen und Elastin in Haut, Sehnen und Gelenken. Die Ursache sind klebrige Zucker-Eiweiß-Verbindungen, sogenannte AGEs (Advanced Glycation Endproducts). Diese sind an der Entwicklung chronischer Entzündungen und entzündlicher Prozesse im Körper beteiligt. Sie verschlechtern die Funktion der Zellen und lassen uns schneller altern. In einer Studie der niederländischen Universität Leiden sollten Versuchspersonen das Alter von rund 600 Personen anhand von Fotos erraten. Dabei schätzten sie Menschen mit hohen Blutzuckerwerten wesentlich älter ein, als sie tatsächlich waren.

» Erhöhtes Krebsrisiko

Zucker ist der bevorzugte Baustoff von bösartigen Krebszellen. Diese wachsen schneller, wenn sie viel Glukose erhalten. Über bestimmte Signale bewirken Krebszellen außerdem, dass die gesunden Körperzellen den Zucker schlechter verwerten können, sodass er ihnen vorrangig zugutekommt. Dauerhaft erhöhte Blutzuckerwerte gehen häufiger mit Krebserkrankungen einher, das haben etliche große Studien gezeigt. Seit Langem ist bekannt, dass Diabetiker, die einen chronisch erhöhten Blutzuckerwert haben, besonders oft an Krebs erkranken. Der Zuckerkonsum korreliert mit wichtigen Risikofaktoren für Krebs. Dazu gehören Übergewicht, Insulinresistenz und eine erhöhte Entzündungsneigung. Auch wenn man bereits an Krebs erkrankt ist, kann sich ein hoher Blutzuckerspiegel statistisch gesehen lebensverkürzend auswirken.

Zuckerverzicht und Gewichtsverlust

Zu viel Süßes führt bekanntlich zu Übergewicht. Da könnte man denken: „Ich lasse die Schokolade weg, süße nur noch kalorienfrei und esse Light-Produkte. Dann müsste ich von allein abnehmen." Doch leider geht diese Rechnung nicht immer auf. Zuckerverzicht bewirkt nicht automatisch einen Gewichtsverlust. Denn häufig führt dies dazu, dass man statt Zucker Light-Produkte oder zuckerfreie Süßigkeiten isst, die in der Summe mehr Kalorien haben als ein zuckerhaltiges Produkt. Um Gewicht zu verlieren, muss der Verdauungsstoffwechsel gut funktionieren. Das heißt, dass man nicht nur auf Zucker verzichten sollte und Kalorien reduzieren muss, sondern auch auf einen gesunden Essrhythmus und eine ausgewogene Mischkost achtet. Drei Hauptmahlzeiten täglich mit vier- bis fünfstündigen Esspausen dazwischen und viel Bewegung sind optimal.

ERSTE HILFE GEGEN DIE LUST AUF SÜSSES

Ob Schokolade, Kuchen, Pudding, Eis oder Pralinen – manchmal ist der Heißhunger auf Süßes so groß, dass Widerstand zwecklos erscheint. Wenn Ihnen das oft passiert, haben wir hier ein paar Tipps als Soforthilfe für Sie.

Ablenken statt nachgeben

Viele Menschen greifen zu süßen Leckereien, wenn Sie sich langweilen. Den Effekt gibt's auch zuckerfrei: Überlegen Sie, was Sie gerne tun, was Sie aufheitert, ablenkt und auf neue Gedanken bringt. Sehen Sie sich ein witziges Videofilmchen an oder hören Sie Ihre Lieblingsmusik. Knabbern Sie eine Mandel oder trinken Sie eine Tasse Tee oder Espresso. Wärme vermittelt gute Gefühle.

Bitter gegen süß

Besorgen Sie sich in der Apotheke Bittertropfen-Konzentrat. Das zügelt den Appetit und bremst den Heißhunger auf Süßes. Angenehmer Nebeneffekt: Bitterstoffe sind sehr gesund, wirken verdauungsfördernd und eignen sich auch für die Behandlung von Magen-Darm-Beschwerden (siehe auch Seite 31). Am besten nehmen Sie sie ein, sobald sich eine Heißhungerattacke ankündigt: einfach fünf bis zehn Tropfen auf den Handrücken geben und ablecken.

Ersatz aus dem Gewürzregal

Gewürze wie Chili, Kardamom, Koriander, Nelke, Vanille und Zimt verringern die Gefahr, dass der Blutzuckerspiegel Achterbahn fährt und der Körper mit Heißhungerattacken auf sich aufmerksam macht.

Ein Glas Wasser trinken

Hunger auf Süßes kann auch eine Fehlinterpretation des eigenen Befindens sein. Wenn man sich unwohl fühlt, weil man leicht dehydriert ist und eigentlich etwas trinken müsste, greift man stattdessen zu Naschereien. Trinken Sie ein Glas Wasser, wenn Sie Appetit verspüren, aber nicht wirklich hungrig sind. Nach ein paar Minuten ist der Heißhunger vielleicht verflogen.

Kaugummi mit Minzgeschmack

Mal schnell ein Törtchen zum Trost einschieben, gedankenverloren den Schokoriegel vertilgen, um Stress abzubauen, oder die Bonbontüte plündern, weil sie gerade geöffnet ist? Damit Ihnen das nicht passiert, hilft zuckerfreier Kaugummi mit starkem Minzgeschmack. Das Kauen ist eine ablenkende Tätigkeit und der Minzgeschmack bremst den Appetit.

Schnell zum Zähneputzen

Nach dem Abendessen noch ein bisschen naschen, weil es vor dem Fernseher so gemütlich ist? Das ist eine Angewohnheit, die man sich wieder abgewöhnen kann. Es fällt leichter, wenn Sie nach dem Abendessen schon die Zähne putzen. So überlegen Sie länger, ob Sie noch einmal Zuckriges dranlassen. Schließlich müssten Sie dann noch mal putzen. Der Trick hilft übrigens auch, wenn es so lecker schmeckt, dass man nur schwer wieder aufhören kann: Der frische Atem nach dem Zähneputzen unterbricht das Geschmackserlebnis.

Nur riechen, nicht anfassen

Schnuppern gegen süße Sinnlos-Snacks: Riechen Sie an einem Fläschchen mit Vanillearoma oder zünden Sie Vanillekerzen beziehungsweise Räucherstäbchen an. Der angenehme Duft sorgt dafür, dass das Glückshormon Serotonin ausgeschüttet wird. Garantiert ohne Kalorien!

DIE GROSSE VERFÜHRUNG

Der Mensch ist darauf angelegt, Süßes zu mögen. Kein Wunder, dass wir regelrecht süchtig nach Zucker werden können. Ob Zucker abhängig macht, ist umstritten, aber die Symptome lassen sich mit anderen Suchterkrankungen durchaus vergleichen.

Der amerikanische Forscher Anthony Sclafani war noch ein junger Doktorand, als er seinen Laborratten zum Spaß ein paar „Froot Loops" anbot. Verblüfft sah er zu, mit welcher Gier sie über die süßen Getreideringe herfielen. Sie schienen völlig verrückt danach zu sein. Nicht einmal ihre instinktive Furcht vor freien Flächen konnte die Tiere davon abhalten, sich die süßen Getreideringe zu schnappen. Ein paar Jahre später brauchte der Forscher für ein Experiment übergewichtige Ratten. Doch gleichgültig, wie viel Fett er ihnen ins Futter mischte – sie nahmen einfach nicht zu. Da fielen ihm die „Froot Loops" wieder ein. Er besorgte sich Süßes im Supermarkt und gab den Tieren so viel davon, wie sie wollten. Und tatsächlich: Die Nager hörten gar nicht mehr auf zu fressen. Bereits einen Tag später hatten sie schon messbar an Gewicht zugelegt. Und mit jedem weiteren Tag wurden sie dicker und dicker.

Die Macht der Evolution

Etwa ein halbes Jahrhundert ist das inzwischen her. Seither wurden die Beobachtungen in vielen Experimenten bestätigt: Zucker verführt zum Essen. Alle Säugetiere weisen diese Vorliebe für süße Nahrung auf, auch wenn sie, genetisch bedingt, zwischen den Arten und Individuen unterschiedlich stark ausgeprägt ist. Von Geburt an sind auch wir Menschen begierig auf Süßes. Schon Babys reagieren mit einem Lächeln, wenn man ihnen Glukoselösung auf die Zunge träufelt. Und Muttermilch enthält reichlich Milchzucker – nämlich fast doppelt so viel wie Kuhmilch. Die angeborene Vorliebe für süßen Geschmack liegt wohl in der Evolution begründet (siehe Seite 6).

Süßes wird zum Verhängnis

Zucker macht dick, und aus evolutionärer Sicht ist das ein Vorteil: Um Fettreserven für schlechte Zeiten anzulegen, ist Zucker einfach besonders gut geeignet. Menschen, die sich den Bauch vollschlugen mit Nahrung, die Frucht- und Traubenzucker enthielt, hatten bessere Chancen, auch längere Hungerperioden zu überleben. Nachteile hatte der Zucker-Jieper damals nicht. Jahrtausendelang waren reife Früchte oder Honig ein eher seltenes Vergnügen. Ein Überessen war nicht möglich. Erst heute, da der Mensch rund um die Uhr fast an jeder Ecke zuckerreiche Nahrung angeboten bekommt, wird uns das angeborene starke Verlangen nach Süßem zum Verhängnis.

Sucht, Droge oder Verlangen?

Ist der heute übliche Zuckerverzehr dem Überangebot geschuldet? Handelt es sich lediglich um eine schlechte Gewohnheit? Oder um eine Sucht, wie es oft heißt? Ist Zucker vielleicht gar eine Droge? Über diese Frage wird immer wieder diskutiert. Die Versuche an Tieren sprechen für Letzteres. Sie unterstützen die Hypothese, dass Nahrungsmittel, die reich an Zucker und Fett sind, das Gehirn in ähnlicher Weise stimulieren wie Suchtmittel.

Stimmungsaufheller, der glücklich macht

Zucker kann nicht nur zu unkontrollierbaren Essattacken führen, dem sogenannten Binge Eating. Auch ein übersteigertes Verlangen nach stark verarbeiteten zuckerreichen Nahrungsmitteln und Entzugssymptome sind typisch. Die Gier nach Zucker beruht offenbar auf der Abhängigkeit von natürlichen Opiaten, die im Körper nach dem Verzehr von Zucker ausgeschüttet werden. Zucker wirkt stimmungsaufhellend, er steigert die Menge des „Glückshormons" Dopamin im Belohnungszentrum des Gehirns. Wie bei anderen Suchtmitteln (Alkohol, Tabak, Drogen) findet auch beim Verlangen nach Süßem eine Gewöhnung statt und tritt der Wunsch nach Wiederholung ein: Mit der Zeit baut der Körper Rezeptoren ab. Dann wird mehr Zucker für denselben Effekt gebraucht.

Die Ernährungs-Docs

Durchhalten lohnt sich: Wer es gewohnt ist, viel Zucker zu essen, der reagiert möglicherweise mit Entzugserscheinungen, wenn plötzlich weniger Süße kommt. Das kann sich in Form von Kopfschmerzen, schlechter Laune, Schlafstörungen oder dem Gefühl von Antriebslosigkeit bemerkbar machen. Auch Heißhungerattacken sind häufig die Folge. Der Grund dafür: Der Blutzuckerspiegel fällt plötzlich ungewohnt ab beziehungsweise ist deutlich und konstant niedriger als bisher. Das ist eigentlich gesund, nur dauert es einige Zeit, bis sich der Blutzucker wieder auf ein normales Maß eingependelt hat.

Umstrittene „Zuckersucht"

Trotz zweifellos vorhandener Ähnlichkeiten mit anderen Süchten ist die Existenz einer „Zuckersucht" umstritten. Denn die Ergebnisse von Tierversuchen lassen sich nicht einfach auf den Menschen übertragen. Psychologen sprechen eher von einer „Verhaltenssucht", also von eingeschliffenen Verhaltensweisen, die wir mit neuen Verhaltensweisen überspielen können, die auf lange Sicht auch Spaß machen, aber nicht gesundheitsschädlich sind. Der Blick auf andere Süchte ist jedoch hilfreich, vor allem wenn es um den Ausstieg aus krank machendem Essverhalten geht. Verhaltenstherapeutische Strategien, die sich in der Behandlung von klassischen Suchterkrankungen bewährt haben, können in Extremfällen auch bei „Zuckersucht" und Adipositas wirksam eingesetzt werden. Mit ein bisschen Disziplin kann es ansonsten jeder selbst schaffen. Denn nicht jede Naschlust ist gleich eine gefährliche Zuckersucht. Von Sucht sprechen Experten erst, wenn es nicht möglich ist, ein Verhalten, das einem schadet, zu beenden oder man nach kurzen Versuchen immer wieder rückfällig wird.

Belohnung nach dem Entzug

Am Anfang klingt es vielleicht etwas hart, wenn man fordert: Stellen Sie sich dem Entzug! Doch denken Sie daran, dass es relativ leicht werden kann, wenn die Phase der Umstellung erst einmal überwunden ist. In diesem Buch finden Sie reichlich Anregungen dazu. Hat der Körper sich daran gewöhnt, dass es keine regelmäßigen größeren Zuckermengen mehr gibt, lässt auch das unverhältnismäßig starke Verlangen nach. Der Verzicht ist dann nicht mehr so schwer. Viele berichten sogar, dass sie nach der Umstellung kaum noch Lust auf Süßes haben. Wenn Sie Zuckerhaltiges nicht sofort aus Ihrem Leben verbannen möchten, gehen Sie schrittweise vor (siehe Seite 33). Überlegen Sie, worauf Sie am leichtesten verzichten können, und fangen Sie damit an.

SÜSSEN OHNE REUE?

Süßen ohne Kalorien und Kohlenhydrate und ohne dass der Blutzuckerspiegel steigt? Das klingt verlockend. Doch auch künstlich hergestellte Substanzen in Form von Süßstoffen haben ihre Nachteile und sind mit Vorsicht zu genießen oder zu meiden.

Wäre es nicht praktisch, wenn man Süßes essen könnte, ohne schädlichen Zucker zu sich zu nehmen? Künstliche Süße wirkt da wie die perfekte Lösung: Sie schmeckt verführerisch, hat wenig oder gar keine Kalorien und verspricht Genuss ohne Reue. 19 Süßungsmittel sind derzeit in der EU zugelassen, acht Zuckeraustauschstoffe und elf Süßstoffe (siehe Kasten rechts). Süßstoffe sind praktisch kalorienfrei und schmecken deutlich süßer als weißer Zucker, haben aber meist einen unangenehmen Beigeschmack. Zuckeraustauschstoffe gleichen Haushaltszucker in der Struktur, enthalten jedoch noch Kalorien (wenn auch weniger) und besitzen eine geringere Süßkraft. Wie gesund sie sind, ist umstritten. Das Bundesinstitut für Risikobewertung (BfR) verweist darauf, dass der Verzehr unbedenklich sei, sofern die angegebenen Höchstmengen nicht überschritten werden. Schwangeren wird jedoch von einem übermäßigen Verzehr abgeraten. Über die Langzeitwirkung von Süßstoffen weiß man allerdings bisher noch viel zu wenig.

Dick durch Süßstoffe?

Rein rechnerisch kann man durch Süßstoffe jede Menge Kalorien und Kohlenhydrate sparen. In der Praxis aber hat sich der Versuch, mit Süßstoffen abzunehmen und sich gesünder zu ernähren, als untauglich erwiesen. Seit Einführung der Diät-Erfrischungsgetränke ist die Zahl der Fettleibigen deutlich gestiegen. Das ist zwar kein Beweis. Aber in kontrollierten Studien konnte kein Gewichtsvorteil durch die Verwendung von Süßstoffen festgestellt werden. Und in Beobachtungsstudien stiegen Hüftumfang, Bauchfett und Body-Mass-Index sogar an, wenn die Teilnehmer Süßstoff verwendeten. Manche Studien kommen zu dem Schluss, dass künstliche Süßstoffe mit denselben Gesundheitsrisiken verknüpft sind wie ein hoher Zuckerkonsum: Übergewicht, Diabetes Typ 2, Herz-Kreislauf-Erkrankungen, Bluthochdruck und Schlaganfall.

Nachteile von Zuckerersatz

Woran das liegt, ist noch nicht vollständig geklärt. Als mögliche Gründe werden diskutiert:

- Das Gefühl, mit einem Diätgetränk Kalorien „eingespart“ zu haben, kann zu kompensatorischem Essen führen, nach dem Motto: Jetzt darf ich mir etwas gönnen.
- Künstliche Süßstoffe könnten grundlegende physiologische Prozesse stören. Der Körper hat gelernt, den Geschmack von Süßem mit einer Kalorienzufuhr und einem Blutzuckeranstieg zu verbinden und stellt sich, etwa durch eine Insulinausschüttung, darauf ein. Bleibt die Zuckerzufuhr aus, könnte es zu Irritationen im Hormonstoffwechsel und Hungergefühlen kommen.
- Der extreme Süßgeschmack künstlicher Süßstoffe kann den Geschmackssinn abstumpfen lassen und die Gier nach Süßem verstärken – und

dann zum Verzehr zuckerreicher Nahrungsmittel führen. In Experimenten hat sich gezeigt, dass eine zuckerreiche Nahrung das Süßempfinden beeinträchtigt. Alle Süßungsmittel wirken auf die Geschmacksrezeptoren auf der Zunge und setzen vergleichbare neuronale Schaltkreise im Gehirn in Gang. So könnten Süßstoffe die „Zuckersucht“ aufrechterhalten.

- In Versuchen an Nagetieren zeigte sich, dass künstliche Süßstoffe wie Saccharin, Sucralose und Aspartam die Darmflora nachteilig verändern. Das wiederum führte zu einer gestörten Glukosetoleranz. Süßstoffe könnten so zu Störungen des Zuckerstoffwechsels beitragen.

Grundsätzlich weniger süß essen

Es spricht also viel dafür, den Genuss von Zucker wie von Süßungsmitteln herunterzuschrauben und die Geschmacksknospen an eine feinere Süße zu gewöhnen. Auf dem Weg dahin kann der moderate Einsatz von Süßstoffen und Zuckeraustauschstoffen aber eine Hilfe sein.

Alternative Süßungsmittel

Neben einer Palette an natürlichen Süßungsmitteln (siehe Seite 28) gibt es industriellen Zuckerersatz: **Birkenzucker (Xylit)** wird auch als Xylitol bezeichnet. Es handelt sich um einen Zuckeraustauschstoff, der laut Lebensmittelrecht als Zusatzstoff (E 967) in der Zutatenliste aufgeführt werden muss. Xylit wird in einem mehrstufigen chemischen Extraktionsprozess aus Holz und Rinde von Harthölzern oder aus Maiskolben hergestellt. Er ist in Pulverform erhältlich. Xylit liefert 40 Prozent weniger Kalorien als Haushaltszucker, die enthaltenen Kohlenhydrate werden vom Körper nicht aufgenommen – der Stoff wirkt sich somit kaum auf den Blutzuckerspiegel aus. In großen Mengen kann er aber abführend wirken und ist für Hunde sogar tödlich.

In der EU zugelassener Zuckerersatz

Acht Zuckeraustauschstoffe:
Sorbit (E 420)
Mannit (E 421)
Isomalt (E 953)
Polyglycitolsirup (E 964)
Maltit (E 965)
Lactit (E 966)
Xylit (E 967)
Erythrit (E 968)

Elf Süßstoffe:
Acesulfam K (E 950)
Aspartam (E 951)
Cyclamat (E 952)
Saccharin (E 954)
Sucralose (E 955)
Thaumatin (E 957)
Neohesperidin DC (E 959)
Steviolglycoside (E 960)
Neotam (E 961)
Aspartam-Acesulfamsalz (E 962)
Advantam (E 969)

Erythrit zählt wie Xylit zu den Zuckeraustauschstoffen und ist ebenfalls ein Zuckeralkohol – der einzige, der kalorienfrei ist. Es handelt sich um ein weißes, kristallines Pulver, das nicht nur ähnlich aussieht wie Zucker, sondern auch ganz ähnlich schmeckt. Auf der Zunge ist ein leicht kühlender Effekt zu spüren. **Stevia (Steviaglycosid),** auch Süßkraut genannt, stammt aus den Blättern der Pflanze *Stevia rebaudiana Bertoni.* Die Blätter sind etwa 30-mal süßer als Zucker und haben einen leicht bitteren Nachgeschmack. Der daraus gewonnene kalorienfreie Süßstoff ist bis zu 300-mal süßer als Zucker.

NATÜRLICH SÜSS

Hin und wieder Süßes genießen, das geht auch ohne den weißen Haushaltszucker. Nutzen Sie stattdessen natürliche Alternativen aus Obst, Honig oder anderen Süßungsmitteln, die alle ihre Vor- und Nachteile haben. Hier stellen wir Ihnen einige vor.

Honig

Was die Kalorien angeht, steht Honig Zucker in nichts nach. Auch der Blutzuckerspiegel steigt nach dem Honignaschen genauso wie beim Haushaltszucker. Doch das Naturprodukt der Bienen süßt etwas stärker. Man kommt also mit weniger aus. Und der Eigengeschmack kann einen zu hohen Konsum verhindern. Weiteres Plus: Honig enthält gesunde Antioxidantien, die Vitamine B und C, Kalium, Kalzium, Eisen und Magnesium. Allerdings wirken diese nur, solange der Honig nicht erhitzt wird. Allergiker sollten vorsichtig sein, da viele Sorten Blütenpollen enthalten. Babys unter einem Jahr dürfen keinen Honig essen, da er möglicherweise Keime enthält.

Apfeldicksaft und Birnendicksaft

Unter dem Dicksaft aus Früchten – egal ob aus Birnen oder Äpfeln – versteht man den sehr hoch konzentrierten, eingedickten Fruchtsaft. Es handelt sich also um ein natürliches Produkt, das weniger stark als Haushaltszucker süßt und einen gewissen Eigengeschmack aufweist. Einziger Nachteil: Jedes Obst enthält mehr oder weniger Fruktose – die kritischen Folgen eines hohen Fruktosekonsums wurden in diesem Buch bereits mehrfach beschrieben.

Zuckerrübensirup

Der auch als Rübenkraut bekannte Sirup ist im Vergleich zu Ahornsirup dunkler und zähflüssiger, bleibt aber bei Zimmertemperatur noch streichzart. Er eignet sich als Brotaufstrich oder als Zuckerersatz beim Kochen und Backen, wegen seines herbsüßen Geschmacks kann man ihn außerdem als Würze für Salatsaucen verwenden. Neuerdings findet man auch (schwarze) Melasse – in cremiger oder bröseliger Form – in den Regalen des Lebensmittelhandels. Dieser Abfallstoff der Zuckerherstellung ist nicht so süß wie das weiße Endprodukt und schmeckt deutlich herber.

Kokosblütenzucker

Er süßt nicht so stark wie Zucker und enthält neben Mikronährstoffen auch Kalium, Eisen, Zink und den Ballaststoff Inulin, der die Darmflora unterstützt. Allerdings finden sich die gesunden Nährstoffe nur in kleinen Mengen. Und nicht vergessen: Der Kokosblütenzucker, der bei uns angeboten wird, stammt größtenteils von Kokospalmen in Südostasien. Lange Transportwege belasten die Umwelt. Mit seinem Karamellgeschmack passt Kokosblütenzucker zu kalten Desserts. Zum Backen eignet er sich weniger, da er leicht Klumpen bildet. Bei einer Fruktoseintoleranz ist der Blütenzucker nicht geeignet.

Obst und Trockenfrüchte

Frische Früchte und Beeren sind wohl die gesündeste Alternative zum Haushaltszucker und können das weiße Pulver in vielen Gerichten auf natürliche Weise ersetzen. Ob Müsli, Desserts, Kuchen oder Saucen: Wenn Sie mit Obst süßen, wird der Fruchtzucker in Ballaststoffe verpackt und geht langsamer ins Blut. Besonders starke Süßkraft haben Bananen und Weintrauben, während Beeren wenig Fruchtzucker enthalten. Ein Löffel ungesüßtes Apfelmus (am besten selbst gemachtes) passt zu Keksen und Kuchen ebenso wie zu Frühstücksflocken oder Naturjoghurt. Trockenfrüchte enthalten zwar viel Zucker, liefern aber auch wichtige Nährstoffe. Sie sind in vielen Koch- und Backrezepten ein wichtiger Bestandteil.

Ahornsirup

Ahornsirup enthält weniger Kalorien als Zucker, hat dabei aber mehr Süßkraft. Er wird aus Zucker-Ahornbäumen gewonnen und ist ein reines Naturprodukt, wenn Sie die Biovariante kaufen. Naturbelassen besteht er zu 45 Prozent aus Wasser. Abhängig von der Erntezeit entstehen unterschiedliche Qualitätsstufen. Dabei gilt: Je heller die Farbe, desto wertvoller und gesünder ist der Sirup. Weitere Pluspunkte: Ahornsirup lässt den Blutzuckerspiegel langsamer ansteigen als Haushaltszucker, besitzt antioxidative und entzündungshemmende Eigenschaften. Er eignet sich zum Backen und für Müsli, Joghurt, Waffeln, Pfannkuchen oder Desserts.

Die Ernährungs-Docs

Ist von „braunem Zucker“ die Rede, heißt es genau hinsehen: Denn damit sind meist verschiedene Produkte gemeint. Vollrohrzucker ist nicht raffinierter Zucker aus Zuckerrüben und bei Braunzucker handelt es sich um karamellisierten Haushaltszucker, der mit Sirup braun gefärbt wurde. Vollrohrzucker (auch als Mascobado oder Muscovado bekannt) ist dagegen der nicht raffinierte Zucker aus dem Saft des Zuckerrohrs. Er stammt aus Südamerika oder den Philippinen. Vollrohrzucker besitzt ein kräftiges Aroma, das eine Überdosierung verhindern kann, und hat deutlich mehr Mineralstoffe als weißer Zucker.

SO GELINGT DIE ERNÄHRUNGSUMSTELLUNG

Ganz ohne Zucker geht es kaum. Doch das realistische Ziel für eine gesunde Ernährung lautet: Essen Sie möglichst wenig isolierten Zucker. Wenn die Umstellung gelingt, profitieren Sie auf vielfältige und wunderbare Weise davon. Am besten klappt dies mit einem guten Plan.

Ein gesunder Körper, schöne Haut, eine schlanke Figur, gute Zähne, frühzeitiges Vorbeugen gegen Zivilisationserkrankungen, mehr Achtsamkeit und Geschmackssinn beim Essen – für den Verzicht auf Zucker gibt es viele gute Argumente. „Zuckerfrei" ist ein angesagter Trend geworden. Immer mehr Menschen würden sich gerne ohne den Dickmacher ernähren, schaffen es aber nicht. Denn zum einen fällt es schwer, lieb gewonnene Gewohnheiten zu verändern. Zum anderen mangelt es häufig an Alternativen. „Was soll ich denn kaufen, wenn sowieso überall Zucker drin ist?", heißt es dann. Oder: „Wenn ich heißhungrig bin, verliere ich einfach die Kontrolle über meine guten Vorsätze."

Appetit-Attacken vermeiden

Alles nachvollziehbar, doch dagegen lässt sich etwas tun. Wir setzen auf drei Strategien. Die wichtigste lautet: Essen Sie – erstens – überwiegend unverarbeitete Lebensmittel, die Sie selbst zubereiten. Zweitens müssen Sie schlechte Gewohnheiten erkennen und so verändern, dass Ihr Bedürfnis nach Süßem nachlässt. Und drittens sollten Sie Ihre Ernährung so umstellen, dass es gar nicht erst zu Appetit-Attacken kommt. Essen Sie sich zu den Hauptmahlzeiten mit viel Gemüse und ausreichend Eiweiß richtig satt. Setzen Sie auf Lebensmittel und Rezepte, die gegen Heißhunger ebenso helfen wie gegen übermäßige Lust auf Süßes (siehe ab Seite 34).

Frisches Essen selbst zubereiten

Sobald Sie möglichst oft frisch kochen und auf Fertigprodukte verzichten, ist der größte Schritt bereits getan. Ob frisches Gemüse, Obst, Vollkorn- und ungesüßte Milchprodukte, Eier, Nüsse, Samen, Fisch oder (in geringen Mengen) Fleisch: Mit einer ausgewogenen Mischkost aus unverarbeiteten Lebensmitteln können Sie kaum etwas falsch machen. Würzen Sie mit Kräutern oder überbacken Sie Ihr Gemüse mit Käse, statt es mit Ketchup oder Fertigsaucen geschmacklich aufzupeppen. Greifen Sie in Stresssituationen zu einem gesunden Snack statt

Frische Kräuter sind die ideale Basis für selbst gemachte Dressings und garantiert ohne Zucker!

zu Süßigkeiten und lernen Sie, Druck und seelische Belastungen nicht mit Keksen und Schokolade zu kompensieren. Achten Sie auch bei Getränken auf den Zuckergehalt und gewöhnen Sie sich an, Durst mit Wasser oder ungesüßtem Tee statt mit Säften oder Softdrinks zu löschen. Trinken Sie präventiv am Vormittag schon 1 Liter, damit kein Durst entsteht, den das Gehirn als Appetit auf Süßes fehlinterpretieren könnte.

Emotionale Bedürfnisse befriedigen

Um schlechte Gewohnheiten zu verändern, müssen Sie einen weiteren Aspekt beachten: Im Vergleich zu natürlichen Lebensmitteln, von denen wir in der Regel genau so viel essen, wie der Körper braucht, verführt Süßes meist dazu, dass wir zu viel essen. Das ist aus der Tierzucht bekannt. Je süßer und fettreicher das Futter, desto eher überschreiten Tiere ihre natürliche Sättigungsgrenze, fressen mehr – und werden schneller dick. Hinzu kommt: Zucker und zuckerhaltige Produkte befriedigen bei Menschen, die ausreichend zu essen haben, nicht das physikalische Bedürfnis nach lebensnotwendiger Energie, sondern vor allem auch ein emotionales.

Neues Verhalten gezielt einüben

Süßes kann trösten, kurzfristig Stress abbauen, belohnen und gegen Frust oder Langeweile helfen. In solchen Situationen ist der Griff in die Keksdose oder in die Gummibärchentüte für viele Menschen reine Gewohnheit. Um das zu ändern, sollten Sie sich die jeweilige Situation bewusst machen, und zwar mit allen Sinnen. Das dient dazu, neues Verhalten einzuüben. Stellen Sie sich zum Beispiel vor, Sie möchten sich abends von einem anstrengenden Tag erholen. Sie schalten den Fernseher an. Dabei meldet sich automatisch das Bedürfnis nach einem Naschteller, obwohl Sie Ihr Abendessen schon zu sich genommen haben. „Ich brauche das zur Entspannung“ oder „Ich muss mich abends belohnen“ sagen Sie sich und gehen in die Küche. Das Rascheln der Gummibärchentüte oder des Schokoladenpapiers steigert die Vorfreude. Sobald Sie auf dem Sofa sitzen, werden Sie die zuckrigen Leckereien verdrücken. Und weil die Lust auf mehr schwer zu bremsen ist, werden Sie noch ein zweites und ein drittes Mal losgehen, um den Teller nachzufüllen.

Sich Gutes tun ohne Zucker

Um genau das zu verhindern, sagen Sie schon beim ersten Anreiz: Halt! Das ist in diesem Fall der Moment, in dem Sie den Fernseher anmachen. Überlegen Sie sich: Was können Sie sich Gutes tun, ohne Zucker zu essen? Wäre ein kurzer Spaziergang oder

Bitterstoffe als Appetitzügler

Bitterstoffe zählen zu den sekundären Pflanzenstoffen. Ihre Wirkung besteht darin, dass sie Pflanzen aufgrund ihres bitteren Geschmacks vor Fressfeinden schützen sollen. Für die Menschen können diese Bitterstoffe sehr gesund sein: Kommen die bitteren Substanzen mit den Rezeptoren auf der Zunge in Berührung, signalisieren sie „Stopp!“ und unser Appetit ist sofort gedämpft. Bitterstoffe erleichtern auf diese Weise das Abnehmen. Bekannt sind sie auch als Heilmittel, weil sie die Verdauung fördern und Magen-Darm-Beschwerden lindern können. Einige Obst- und Gemüsesorten enthalten von Natur aus Bitterstoffe (z. B. Kohlrabi, Brokkoli, Endivie, Radicchio, Grapefruit), allerdings sind die Substanzen heute weitgehend herausgezüchtet worden. Wer Bitterstoffe gezielt einsetzen möchte, kann sich in der Apotheke ein Konzentrat besorgen (siehe Seite 22).

eine Entspannungsübung nicht besser geeignet, um zur Ruhe zu kommen? Könnten Sie vor dem Fernseher ersatzweise Möhren oder Mandeln kauen oder einen heißen Tee trinken? Vielleicht hilft auch ein Glas Wasser? Machen Sie sich einen Plan, der zum Beispiel so aussieht: „Wenn ich das Bedürfnis nach Entspannung habe, gehe ich eine Runde spazieren." Oder: „Ich lege mich aufs Sofa und höre Musik." Auf diese Weise üben Sie ein neues Verhalten erst einmal mental und können es sofort abrufen, wenn es darauf ankommt. Machen Sie es wie Leistungssportler. Gehen Sie die Wenn-dann-Situationen möglichst oft in Gedanken durch.

Kein Lebensprogramm

Machen Sie die Ernährungsumstellung nicht zum Lebensprogramm. Hin und wieder ein paar Süßigkeiten, ein Stück Kuchen oder ein Eis schaden nicht – vor allem direkt nach einer Hauptmahlzeit. Aus der Psychologie ist bekannt, dass allzu strenge Verbote die Lust auf Verbotenes nur noch steigern. Solange Sie darauf achten, dass Zuckerbomben eine seltene Ausnahme bleiben, ist alles im grünen Bereich. Vielleicht helfen Ihnen Gewohnheitsveränderungen dabei, der Lust auf Schokolade & Co. nachzugeben, ohne dabei übermäßig viel Zucker zu sich zu nehmen. Eine Möglichkeit wäre zum Beispiel, das Naschen ganz bewusst in Ihren Alltag einzuplanen – einmal pro Woche oder immer nur samstags.

Die Ernährungs-Docs

Warum nicht mal ausdrücklich „Zuckerfasten"? Das Prinzip besteht darin, pro Tag nicht mehr als 25 Gramm Zucker zu sich zu nehmen – verteilt über alle Mahlzeiten. Das tut vor allem dem Insulinspiegel gut, weil er nicht ständig mit dem Kampf gegen Zucker-Tsunamis beschäftigt ist. Vom Zuckerfasten profitieren vor allem Diabetes-Risikopersonen. Wer sich mit den erlaubten 25 Gramm Zucker schwertut, kann sich professionell begleiten lassen. Seriöse Adressen findet man beim BDEM (Bundesverband Deutscher Ernährungsmediziner e. V.).

Als Nachtisch ist was Süßes gar nicht so schlimm, nur solo zwischendurch sollten Sie nicht naschen!

Erst die Suppe, dann den Kuchen

Ob Himbeereis mit Sahne, Kekse mit Karamell oder Tiramisu-Torte: Manchmal darf es auch eine Kalorienbombe sein. Wenn Sie sich das gönnen, sollten Sie die Leckereien nicht nebenbei heimlich herunterschlingen, sondern sie bewusst genießen. Am besten gelingt das, wenn sie als Dessert auf den Tisch kommen. Und essen Sie dafür vorher etwas weniger. Ist der Insulinspiegel aufgrund der Mahlzeit davor nämlich ohnehin schon etwas erhöht, kann es durch den süßen Nachtisch nicht mehr zu einer Blutzuckerspitze kommen. Und genau die extremen Schwankungen des Blutzuckers sind es ja, die unseren Stoffwechsel belasten.

ALLTAG OHNE SÜSSES: IN KLEINEN SCHRITTEN ZUM ERFOLG

Gehen Sie schrittweise vor, um im Alltag weniger Zucker zu sich zu nehmen:

1

Verschaffen Sie sich einen Überblick über Ihre bisherigen Gewohnheiten: Welche zuckerhaltigen Lebensmittel haben Sie im Haus? In welchen Situationen naschen Sie besonders oft? Welches Bedürfnis möchten Sie damit unbewusst befriedigen? Um das herauszufinden, führen Sie ein Ernährungstagebuch, in dem Sie jeden Tag notieren, was Sie wann gegessen haben.

2

Überlegen Sie nun, auf welche Naschereien Sie am leichtesten verzichten könnten. Streichen Sie zum Beispiel die Puddingtasche am Nachmittag oder ersetzen Sie sie durch einen gesunden Snack. Sie können auch mit einem zuckerfreien Tag in der Woche loslegen. Oder nehmen Sie sich vor, mit frischen Lebensmitteln selbst zu kochen. Setzen Sie sich dabei ein realistisches Ziel (z. B. dreimal in der Woche). Sobald Sie das geschafft haben, steigern Sie die Anzahl der selbst gemachten Mahlzeiten. Beginnen Sie an Tagen, an denen Sie keinem großen Stress ausgesetzt sind (z. B. am Wochenende).

3

Probieren Sie mal etwas Neues aus, um Gewohnheiten zu verändern. Sie werden schnell merken, dass Geschmack nicht nur mit Süße zu tun hat, und dann achtsamer essen. Suchen Sie sich dafür aus unseren Rezepten ein paar heraus, die Sie besonders ansprechen.

4

Wenn Ihnen der Süßverzicht zu schwerfällt, sind kleine Krücken erlaubt. Sind Sie es zum Beispiel gewohnt, Kaffee mit Zucker zu trinken, reduzieren Sie die Menge in mehreren Etappen – also in der ersten Woche von zwei Löffeln auf einen pro Tasse, in der zweiten auf einen halben, in der dritten auf einen viertel Löffel. Und dann verzichten Sie ganz auf Süße und konzentrieren sich auf den Geschmack des Kaffees.

5

Sie kommen bärenhungrig nach Hause und reißen erst einmal die Kekstüte auf? Dann ist meist nichts mehr zu retten. Für ein Leben mit wenig Süßigkeiten hat sich eine klare Regel bewährt: Essen Sie nichts Süßes, wenn Sie Hunger haben. Selbst wenn die Zeit knapp ist und zum Selberkochen nicht reicht, können Sie Heißhunger zum Beispiel mit einem Stück Käse, einem Naturjoghurt, Haferflocken mit Milch, rohen Möhren, Kohlrabi oder Ihren Lieblingsnüssen besiegen.

ZUCKERFREI GENIESSEN ...

... lohnt sich aus vielen Gründen: Ohne unnötigen Zucker oder Zuckerersatz leben Sie gesünder, es gelingt Ihnen leichter, schlank zu bleiben, der Blutzuckerspiegel ist ausgeglichen und die Lust auf Pudding, Pralinen und Sahnetorte lässt endlich nach. Wir haben mehr als 60 leckere Rezepte zusammengestellt, die Ihnen helfen, den Zucker in den Mahlzeiten zu reduzieren: von Frühstücksideen über kleine Genüsse und Hauptgerichte bis hin zu Desserts und Kuchen. Die Erfolgsformel unserer Rezepte: vollwertige Kohlenhydrate, reichlich Eiweiß und wertvolle Ballaststoffe, die lange sättigen und den Blutzuckerspiegel nur langsam ansteigen lassen. So gelingt Ihnen eine Ernährungsumstellung auf „zuckerfrei“ ganz leicht.

FRÜHSTÜCK

Weißmehlbrötchen mit Honig oder Marmelade war gestern! Jetzt gibt es zur Morgenstunde jede Menge Fitmacher: Müsli, Porridge, gesunde Brotaufstriche, Eiergerichte und Pancakes. Die liefern auf dezent süße oder herzhafte Weise Eiweißpower und lassen Sie mit den richtigen Carbs energiegeladen in den Tag starten. Wenn das kein Grund zum Aufstehen ist!

BEEREN-CASHEW-FRISCHKÄSE

Keine Zeit fürs Frühstück? Macht nichts! Ein Hüttenkäse-Mix und Low-Carb-Früchte sind perfekt zum Mitnehmen und sorgen für einen Turbostart am Morgen.

Für 2 Personen
Zubereitungszeit: 15 Minuten

30 g Cashewkerne
250 g gemischte Beeren (z. B. Blau-, Brom-, Him- oder Johannisbeeren)
2 TL Ahornsirup
200 g körniger Frischkäse (Halbfettstufe)
100 g Magerquark

Nährwerte pro Portion: ca. 300 kcal, 23 g EW, 12 g F, 19 g KH, 3 g BST

+ Die Cashewkerne grob hacken und in einer kleinen Pfanne ohne Fett bei mittlerer Hitze hell anrösten. Herausnehmen und auf einem Teller abkühlen lassen.

+ Die Beeren verlesen, waschen und trocken tupfen, die Johannisbeeren von den Rispen streifen. Zwei Drittel der Beeren zum Garnieren beiseitestellen. Den Rest mit dem Ahornsirup mit einer Gabel fein zerdrücken.

+ Den Hüttenkäse mit dem Quark und zwei Dritteln der Cashewkerne verrühren. Das Beerenpüree locker untermischen. Die Mischung auf Schalen verteilen und mit den beiseitegestellten Beeren und den übrigen Cashewkernen bestreuen. Zum Mitnehmen Frischkäse-Mix und Beeren separat in ein Twist-off-Glas füllen und kühl stellen.

Die Ernährungs-Docs
Ob süß oder säuerlich – Obst ohne Fruktose gibt es nicht. Aber die einzelnen Sorten weisen große Unterschiede im Fruchtzuckergehalt auf. Beeren wie Brombeeren, Himbeeren oder Johannisbeeren sind zuckerarm und enthalten mit 5 bis 6 Gramm pro 100 Gramm relativ wenig Kohlenhydrate. Sie sind daher für eine zuckerfreie Ernährung als natürliches Süßungsmittel gut geeignet. Und gesund: Denn in ihnen steckt viel Vitamin C, dazu Eisen und Kalium und reichlich sekundäre Pflanzenstoffe, die unsere Zellen vor freien Radikalen schützen.

CHIAPUDDING MIT PAPAYA

Der Chia-Kokos-Mix wird schon am Abend zubereitet. Perfekt für alle frühen Vögel, aber auch für Langschläfer, die morgens schnell Energie tanken wollen.

Für 2 Personen
Zubereitungszeit: 20 Minuten
Quellen: 6 Stunden, über Nacht

2 getrocknete Soft-Aprikosen
½ l ungesüßter Kokosdrink (aus dem Tetrapak)
¼ TL Zimtpulver
60 g Chiasamen
2 EL Kokos-Chips
400 g reife Papaya
½ TL abgeriebene Bio-Limettenschale
1 EL Limettensaft

Nährwerte pro Portion: ca. 340 kcal, 13 g EW, 15 g F, 30 g KH, 22 g BST

+ Am Vorabend die Aprikosen grob würfeln, dann mit Kokosdrink und Zimt in einem hohen Rührbecher mit dem Stabmixer fein pürieren. Die Chiasamen dazugeben und das Ganze mit einem Schneebesen gut verrühren. Den Mix etwa 10 Minuten quellen lassen.

+ Danach alles nochmals durchrühren und auf Gläser oder Schalen verteilen. Zugedeckt mindestens 6 Stunden, am besten über Nacht, in den Kühlschrank stellen, sodass eine geleeartige Konsistenz entsteht.

+ Am nächsten Morgen die Kokos-Chips in einer kleinen Pfanne ohne Fett bei mittlerer Hitze hell anrösten. Herausnehmen und auf einem Teller abkühlen lassen. Papaya entkernen, schälen und das Fruchtfleisch (ca. 300 g) etwa 1 cm groß würfeln. Ein Drittel der Papaya zum Garnieren beiseitestellen. Den Rest mit Limettenschale und -saft in einem hohen Rührbecher mit dem Stabmixer fein pürieren.

+ Zum Servieren das Papayapüree auf dem Chiapudding verteilen und die beiseitegestellten Papayawürfel daraufgeben. Zuletzt mit den Kokos-Chips bestreuen.

Die Ernährungs-Docs
Da Chiasamen das Neunfache ihres Eigengewichts an Flüssigkeit binden, quellen sie im Magen gelartig auf und machen daher lange satt. Zusätzlich verlangsamt das Quellen den Abbau von Kohlenhydraten und Fetten im Körper. So versorgen uns die Powersamen über lange Zeit gleichmäßig mit Energie. Wichtig: dazu immer ausreichend trinken!

MÖHREN-APFEL-PORRIDGE MIT ZIMT

Wärmt von innen und hält lange vor: Ein zimtiger Flockenbrei mit Leinsamen und Nüssen, der zart knackt und für einen ausgeglichenen Blutzuckerspiegel sorgt.

Für 2 Personen
Zubereitungszeit: 30 Minuten

150 g Möhren
1 säuerlicher Apfel
(z. B. Elstar; ca. 150 g)
1 EL Zitronensaft
300 ml ungesüßter Haselnussdrink
100 g zarte glutenfreie Haferflocken
1 EL geschroteter Leinsamen
2 TL Butter
½ TL Zimtpulver
2 EL Haselnusskerne

Nährwerte pro Portion: ca. 460 kcal, 12 g EW, 21 g F, 50 g KH, 11 g BST

+ Die Möhren putzen, schälen und auf der Gemüsereibe grob raspeln. Den Apfel waschen, vierteln, entkernen und in etwa ½ cm dünne Spalten schneiden. Sofort mit dem Zitronensaft beträufeln, damit sie sich nicht bräunlich verfärben.

+ Den Nussdrink und 125 ml Wasser in einem kleinen Topf erhitzen. Haferflocken, Möhren und Leinsamen einrühren. Alles einmal aufkochen, dann mit geschlossenem Deckel bei milder Hitze 10 bis 15 Minuten köcheln lassen. Danach den Porridge auf der abgeschalteten Herdplatte noch etwa 5 Minuten ausquellen lassen.

+ Währenddessen die Butter in einer kleinen Pfanne zerlassen. Die Apfelspalten dazugeben, mit ¼ TL Zimt würzen und bei milder Hitze 2 bis 3 Minuten unter Wenden dünsten. Die Haselnüsse grob hacken.

+ Zum Servieren den Porridge auf Schalen verteilen. Die Apfelspalten daraufsetzen, alles mit den Nüssen bestreuen und mit dem übrigen Zimt bestäuben.

Die Ernährungs-Docs
Ein abrupter Verzicht auf Zucker kann Heißhunger verursachen. Sinnvoller ist es, Honig, Sirup oder andere Süßungsmittel im Frühstücksbrei durch Zutaten mit leicht süßem Eigengeschmack zu ersetzen. Möhren sind da eine gute Wahl und machen zusätzliches Süßen überflüssig. Außerdem liefern sie reichlich Betacarotin, das im Körper in Vitamin A umgewandelt wird.

GRANOLA MIT BANANE

Mit diesem zuckerarmen Knuspermüsli kommt schon am Morgen gute Laune auf. Das Granola schmeckt besser als jeder Fertig-Mix und ist auch viel gesünder!

Für 12 Portionen (ca. 600 g)
Zubereitung: 20 Minuten
Backen: 25–30 Minuten

2 reife Bananen
4 EL kalt gepresstes Rapskernöl
1 TL gemahlene Vanille
2 Prisen Salz
150 g Sonnenblumenkerne
200 g Mandelblättchen
50 g Kokosraspel
100 g kernige glutenfreie Haferflocken

Nährwerte pro Portion (50 g): ca. 270 kcal, 9 g EW, 19 g F, 14 g KH, 4 g BST

+ Den Backofen auf 180 °C vorheizen. Ein Backblech mit Backpapier belegen. Die Bananen schälen und grob würfeln. Mit Öl, Vanille und Salz in einem hohen Rührbecher mit dem Stabmixer fein pürieren.

+ Sonnenblumenkerne, Mandeln, Kokosraspel und Haferflocken in einer Schüssel mischen. Das Bananenpüree mit einem Kochlöffel dazugeben und gut untermischen.

+ Die Masse gleichmäßig auf dem Blech verteilen und im Ofen auf der unteren Schiene 25 bis 30 Minuten backen. Dabei nach jeweils 8 Minuten gut durchmischen, sodass das Granola gleichmäßig bräunt.

+ Das Granola aus dem Ofen nehmen und auf dem Blech vollständig abkühlen lassen, dann zum Aufbewahren in eine fest schließende Dose oder ein Glas füllen. Zum Servieren pro Portion 50 g Granola in eine Schale geben und mit 200 g (veganem) Joghurt und 125 g Himbeeren servieren.

Die Ernährungs-Docs
Dieses Granola ist eine knusprige Frühstücksalternative zum klassischen Müsli – und eine gesunde Kraftmischung im Low-Carb-Style: Wenig Getreideflocken, aber jede Menge Nüsse, Kerne und Samen liefern neben wichtigen Vitaminen und Mineralstoffen reichlich Ballaststoffe und ungesättigte Fettsäuren. Außerdem darf der Mix die Bezeichnung „ohne Zuckerzusatz" tragen, weil er nur den von Natur aus in Bananen enthaltenen Fruchtzucker enthält. Dank seiner hohen Nährstoffdichte braucht man von diesem Mix weniger als vom üblichen Müsli.

SÜSSE BROTAUFSTRICHE

Gute Neuigkeiten für alle, die es morgens gern süß mögen: Jetzt kommt zuckerarme Abwechslung aufs Lieblingsbrötchen! Wie wär's mit einem kalt gerührten Aprikosenmus? Oder einem Ratzfatz-Schokoaufstrich? Unsere Konfitüren und Aufstriche schmecken nicht nur zum Sonntagsfrühstück.

HIMBEER-CHIA-KONFITÜRE

Für 1 Glas (ca. ¼ l Inhalt): **200 g Himbeeren** verlesen, waschen, trocken tupfen. Mit **3 EL Chiasamen, je 2 EL Reissirup und Wasser** in einem hohen Rührbecher mit dem Stabmixer fein pürieren. In einem kleinen Topf aufkochen, dann bei milder Hitze 3 bis 5 Minuten unter Rühren dick einkochen. In ein sauberes Twist-off-Glas füllen, verschließen und abkühlen lassen. Die Konfitüre ist im Kühlschrank etwa 1 Woche haltbar.

Nährwerte pro EL (25 g):
ca. 30 kcal, 1 g EW, 1 g F, 3 g KH, 2 g BST

SCHOKO-KOKOS-AUFSTRICH

Für 1 Glas (ca. ¼ l Inhalt): **100 g Frischkäse** (Halbfettstufe) mit **100 g ungesüßter Kokosmilch, 1 EL Kokosblütenzucker** und **6 TL Kakaopulver** (schwach entölt) mit den Quirlen des Handrührgeräts glatt rühren. Den Aufstrich in ein sauberes Twist-off-Glas füllen, verschließen und vor dem Verzehr mindestens 2 Stunden kühl stellen. Er hält sich im Kühlschrank etwa 1 Woche.

Nährwerte pro EL (25 g): ca. 50 kcal, 2 g EW, 3 g F, 2 g KH, 1 g BST

KALT GERÜHRTES APRIKOSENMUS

Für 1 Glas (ca. 300 ml Inhalt): **250 g Aprikosen** waschen, halbieren, entsteinen und grob schneiden. **60 g getrocknete Soft-Aprikosen** in kleine Würfel schneiden. Beides mit **½ TL gemahlener Vanille** in einem hohen Rührbecher mit dem Stabmixer homogen pürieren. Das Mus in ein sauberes Twist-off-Glas füllen und verschließen. Es hält sich im Kühlschrank 1 bis 2 Wochen.

Nährwerte pro EL (25 g):
ca. 20 kcal, 0 g EW, 0 g F, 4 g KH, 1 g BST

BROMBEER-WALNUSS-KONFITÜRE

Für 4 Gläser (à ca. 200 ml Inhalt): **500 g Brombeeren** verlesen, waschen und trocken tupfen, größere Exemplare halbieren. **50 g Walnusskerne** hacken, mit **½ EL Apfelpektin** (5 g; aus dem Bioladen), **150 g Ahornsirup** und **2 Streifen Bio-Orangenschale** in einem Topf etwa 15 Minuten ziehen lassen. Dann alles aufkochen und bei milder Hitze 1 bis 3 Minuten unter Rühren köcheln lassen. Orangenschale entfernen, Konfitüre in sterile Twist-off-Gläser füllen und verschließen. Etwa 10 Minuten auf den Deckel stellen, dann umdrehen und abkühlen lassen. Die Konfitüre hält sich ungeöffnet bis zu 1 Jahr.

Nährwerte pro EL (25 g):
ca. 30 kcal, 0 g EW, 1 g F, 4 g KH, 1 g BST

BUTTERMILCH-QUARK-BRÖTCHEN

Die saftigen Kraftpakete sind ein handfester Grund zum Aufstehen: Sie liefern jede Menge Eiweiß und lassen Sie mit „guten“ Kohlenhydraten in den Tag starten.

Für 10 Brötchen (à ca. 100 g)
Zubereitung: 25 Minuten
Ruhen: 1 Stunde 15 Minuten
Backen: 20 Minuten

400 g Dinkelvollkornmehl
100 g Roggenmehl (Type 1150)
3 TL Weinsteinbackpulver
2 EL geschroteter Gold-Leinsamen
2 EL Sonnenblumenkerne
250 g Magerquark
300 ml reine Buttermilch (max. 1 % Fett)
1 ½ TL Salz
Dinkelvollkornmehl zum Arbeiten

Nährwerte pro Stück: ca. 230 kcal, 12 g EW, 3 g F, 36 g KH, 5 g BST

+ Dinkel- und Roggenmehl mit Backpulver mischen. Leinsamen und Sonnenblumenkerne dazugeben und untermischen. Quark und Buttermilch mit dem Salz in einer zweiten Schüssel mit den Quirlen des Handrührgeräts glatt rühren. Den Mehl-Mix nach und nach dazugeben und alles mit den Knethaken des Handrührgeräts glatt kneten. Falls der Teig zu fest ist, noch 4 bis 5 EL Wasser einarbeiten. Zugedeckt bei Zimmertemperatur etwa 1 Stunde ruhen lassen.

+ Backofen auf 200 °C vorheizen. Dabei eine ofenfeste Tasse mit Wasser auf den Boden des Backofenraums stellen. Ein Backblech mit Backpapier belegen. Den Teig in 10 Portionen teilen und jede Teigportion mit bemehlten Händen zu einem Brötchen formen. Die Rohlinge nebeneinander auf das Blech legen, mit etwas Mehl bestäuben und zugedeckt nochmals etwa 15 Minuten ruhen lassen.

+ Die Brötchen im Ofen auf der mittleren Schiene etwa 20 Minuten goldbraun backen, dabei die Tasse im Ofen lassen, damit sich Dampf entwickelt. Die Brötchen aus dem Ofen nehmen und abkühlen lassen. Sie halten sich im Brotkasten etwa 3 Tage oder tiefgekühlt bis zu 1 Jahr.

Die Ernährungs-Docs

Kombinationen von tierischem und pflanzlichem Eiweiß wie in diesen Brötchen sind reinem Pflanzenprotein qualitativ überlegen. Sie übertreffen sogar die biologische Wertigkeit von tierischem Protein (Eier, Fleisch und Fisch), da sich die Aminosäuren (kleine Eiweißbausteine) ideal ergänzen. Das heißt, sie werden effizient in körpereigenes Eiweiß umgebaut.

KERNIGES DINKELVOLLKORNBROT

Reichlich Samen, Flocken und Nüsse machen das Brot so saftig, dass es weggeht wie warme Semmeln. Ob pur oder mit unseren leckeren Aufstrichen.

Für 1 Brot (ca. 1 kg; 24 Scheiben)
Zubereitungszeit: 20 Minuten
Gehen: 1 Stunde
Backen: 1 Stunde

50 g Nusskernmischung
350 g Dinkelvollkornmehl
100 g zarte Dinkelflocken
1 Pck. Trockenhefe
1 TL cremige Melasse (aus dem Bioladen)
130 g Sonnenblumenkerne
20 g Chiasamen
1 ½ TL Salz
2 EL Apfelessig
Dinkelflocken zum Bestreuen

Nährwerte pro Scheibe: ca. 110 kcal, 5 g EW, 3 g F, 15 g KH, 3 g BST

+ Eine Kastenform (ca. 30 cm) mit Backpapier auslegen. Den Nuss-Mix grob hacken. Dann mit Mehl, Dinkelflocken, Hefe, Melasse, Sonnenblumenkernen, Chiasamen und Salz in einer großen Rührschüssel mischen. Essig und ½ l lauwarmes Wasser mit den Quirlen des Handrührgeräts unterrühren. Den weichen Teig in die Form füllen, glatt streichen und mit einem sauberen Küchentuch zugedeckt an einem warmen Ort etwa 1 Stunde gehen lassen.

+ Inzwischen den Backofen auf 200 °C vorheizen. Das Brot mit Wasser bestreichen und mit Dinkelflocken bestreuen. Dann im Ofen auf der mittleren Schiene etwa 1 Stunde backen. Dabei für die Stäbchenprobe ein Holzstäbchen in das Brot stechen und wieder herausziehen. Falls Teig daran hängen bleibt, das Brot noch kurz weiterbacken. Dann aus dem Ofen nehmen und auf einem Kuchengitter etwa 10 Minuten abkühlen lassen, aus der Form lösen und vollständig abkühlen lassen. Kühl und trocken gelagert bleibt das Brot bis zu 1 Woche saftig und frisch. Man kann es aber auch im Ganzen oder in Scheiben geschnitten tiefkühlen.

Die Ernährungs-Docs
Entscheiden Sie sich bei Getreide möglichst häufig für die Vollkornvariante: Sie enthält langkettige Kohlenhydrate, die während der Verdauung nur schrittweise in viele Einzelbausteine aufgespalten werden. So gelangt die Glukose nur nach und nach ins Blut, dafür aber über einen längeren Zeitraum. Weil der Blutzuckerspiegel nur gemächlich ansteigt, muss die Bauchspeicheldrüse nicht auf einmal eine so hohe Menge des Hormons Insulin ausschütten, wie das zum Beispiel bei einem Weißmehlbrötchen oder Schoko-Croissant der Fall wäre.

PIKANTE BROTAUFSTRICHE

Drei auf einen Streich! Diese würzig-cremigen Pasten mit viel knackigem Gemüse, Hülsenfrüchten, Frischkäse und Quark als Basis können Sie ruhig dick auftragen – sie sind einfach gemacht und machen lange satt.

BROKKOLI-EDAMAME-PASTE

Für 1 Glas (ca. 300 ml Inhalt): **100 g Brokkoliröschen** waschen. **1 Schalotte** und **20 g Ingwer** schälen und fein würfeln, in **1 EL kalt gepresstem Olivenöl** etwa 2 Minuten dünsten. Brokkoli und **100 g tiefgekühlte Edamame** (grüne Sojabohnenkerne) hinzufügen. **100 ml glutenfreie Gemüsebrühe** dazugießen und alles mit geschlossenem Deckel bei mittlerer Hitze etwa 10 Minuten dünsten. Vom Herd nehmen, etwas abgekühlt mit **1 EL dunklem Mandelmus** glatt pürieren. Mit **Salz, Pfeffer** und **1 TL Zitronensaft** würzen. In ein steriles Twist-off-Glas füllen und verschließen. Gekühlt ist der Aufstrich 3 bis 4 Tage haltbar.

Nährwerte pro EL (25 g): ca. 20 kcal, 1 g EW, 1 g F, 1 g KH, 1 g BST

ROTER LINSENAUFSTRICH

Für 1 Glas (ca. 300 ml Inhalt): **1 rote Zwiebel** und **1 Knoblauchzehe** schälen und würfeln, in einem Topf in **1 EL kalt gepresstem Olivenöl** andünsten. **75 g rote Linsen** dazugeben, mit **½ TL rosenscharfem Paprikapulver, Salz** und **Pfeffer** würzen. **180 ml glutenfreie Gemüsebrühe** dazugießen. Mit geschlossenem Deckel bei milder Hitze etwa 15 Minuten garen, bis die Flüssigkeit aufgesogen ist. Vom Herd nehmen, leicht abkühlen lassen. **50 g getrocknete Tomaten** (in Öl) abtropfen lassen, grob hacken und mit dem Linsen-Mix pürieren. Den Aufstrich in ein sauberes Twist-off-Glas füllen und verschließen. Er hält sich im Kühlschrank bis zu 1 Woche.

Nährwerte pro EL (25 g):
ca. 30 kcal, 2 g EW, 1 g F, 3 g KH, 1 g BST

PAPRIKAFRISCHKÄSE MIT SCHNITTLAUCH

Für 1 Glas (ca. 400 ml Inhalt): **100 g bunte Snack-Paprikaschoten** halbieren, putzen, waschen, fein würfeln. **200 g Frischkäse** (Halbfettstufe), **100 g Magerquark** und **1 EL Leinöl** cremig rühren. Alles mit **Salz, Pfeffer** und **1 TL abgeriebener Bio-Zitronenschale** würzen, dann die Paprikawürfel und **3 EL Schnittlauchröllchen** unterrühren. Den Aufstrich in ein sauberes Twist-off-Glas füllen und verschließen. Hält sich gekühlt 3 bis 4 Tage.

Nährwerte pro EL (25 g):
ca. 20 kcal, 2 g EW, 1 g F, 1 g KH, 0 g BST

FRÜHSTÜCKSEI MIT AVOCADO-TOMATEN-SALAT

Mexikanisch zum Frühstück? Aber ja! Avocado und Ei machen satt und liefern herzschützendes Vitamin E. Etwas Chilischärfe bringt den Stoffwechsel in Schwung.

Für 2 Personen
Zubereitungszeit: 25 Minuten

2 Scheiben Vollkornbrot (à ca. 50 g)
1 ½ EL kalt gepresstes Olivenöl
Salz
2 Eier (Größe M)
1 reife Avocado
1 Mini-Salatgurke
150 g Cocktailtomaten
1 EL Balsamico bianco
Chiliflocken

Nährwerte pro Portion: ca. 390 kcal, 13 g EW, 23 g F, 30 g KH, 9 g BST

+ Die Brotscheiben in etwa fingerdicke Streifen schneiden. 1 EL Öl in einer Pfanne erhitzen und die Brotstreifen darin unter Wenden bei mittlerer Hitze etwa 5 Minuten rundum knusprig braten, leicht salzen. Herausnehmen und auf einem Teller abkühlen lassen.

+ Währenddessen die Eier in kochendem Wasser etwa 5 Minuten weich garen, dann kalt abschrecken.

+ Inzwischen die Avocado halbieren und den Stein entfernen, die Avocadohälften schälen und in etwa 1 cm große Würfel schneiden. Die Gurke waschen, längs vierteln und quer in etwa 1 cm breite Stücke schneiden. Die Tomaten waschen und vierteln. Die Avocadowürfel, Gurken- und Tomatenstücke vorsichtig mit Essig und übrigem Öl mischen und den Salat mit Salz und Chiliflocken abschmecken.

+ Zum Servieren die Eier in Eierbecher setzen, die Brotstäbchen und den Salat dazu anrichten. Die Eier köpfen, mit Chiliflocken bestreuen und das Brot ins Eigelb stippen.

Die Ernährungs-Docs
Hier starten Sie mit wenig Kohlenhydraten in den Tag, nehmen aber als Ausgleich genug Eiweiß und Fett zu sich. Das weich gekochte Ei liefert neben hochwertigem Protein zudem noch jede Menge Mineralstoffe und Vitamine. Und die Avocado enthält etwa 30 % gute Fette – dabei kein Cholesterin, aber reichlich ungesättigte Fettsäuren für Herz und Gefäße.

ZUCCHINI-FRITTATA MIT SCHINKEN UND KÄSE

Ei, Ei, Ei ... genau das Richtige für Frühstücker, die es herzhaft, klein und fein mögen. Macht lange satt und liefert viel hochwertiges Eiweiß, Vitamine und Mineralstoffe.

Für 2 Personen
Zubereitungszeit: 25 Minuten

2 Frühlingszwiebeln
150 g Zucchini
50 g Bergkäse (mind. 30 % Fett i. Tr.)
75 g Putenbrustaufschnitt (in dünnen Scheiben)
5 Eier (Größe M)
Salz, Pfeffer aus der Mühle
½ Bund Petersilie
1 EL kalt gepresstes Olivenöl

Nährwerte pro Portion: ca. 410 kcal, 37 g EW, 26 g F, 7 g KH, 2 g BST

\+ Die Frühlingszwiebeln putzen, waschen, die weißen und grünen Teile getrennt in dünne Ringe schneiden. Zucchini putzen, waschen und klein würfeln. Den Käse grob raspeln. Den Putenbrustaufschnitt in kleine Würfel schneiden.

\+ Die Eier in einer Schüssel mit einer Gabel verquirlen, mit Salz und Pfeffer würzen. Die Petersilie waschen, trocken schütteln, Blätter abzupfen, fein hacken und unterrühren.

\+ Das Öl in einer beschichteten Pfanne erhitzen und die weißen Frühlingszwiebeln und Zucchini darin bei mittlerer Hitze 2 bis 3 Minuten anbraten. Die Eiermasse gleichmäßig darübergeben und bei mittlerer Hitze leicht stocken lassen.

\+ Dann die Frittata mit Käse, Putenbrust und Frühlingszwiebelgrün bestreuen und mit geschlossenem Deckel bei milder Hitze noch 4 bis 5 Minuten weitergaren. Zum Servieren in Stücken auf Teller verteilen. Dazu passt Vollkornbrot.

Die Ernährungs-Docs
Proteine in tierischen Lebensmitteln wie Eiern, Käse und Geflügelaufschnitt (aber auch in pflanzlichen) haben ein großes Plus: Sie sorgen dafür, dass man lange satt bleibt. Warum? Weil der Körper bei der Aufnahme von Eiweiß zur Produktion eines körpereigenen Eiweißstoffs (Peptid YY) angeregt wird. Dieser signalisiert dem Gehirn nach wenigen Minuten, dass der Magen voll ist, und wirkt damit wie ein natürlicher Appetitzügler. Deshalb hilft eine eiweißreiche Mahlzeit, die Kalorienaufnahme in den Griff zu bekommen.

GARNELEN-PANCAKES MIT ZITRONENJOGHURT

Von wegen süß! Pancakes können auch deftig. Die fluffigen Pfannküchlein werden mit Garnelen gebraten und sind wahre Eiweiß-Kraftpakete.

Für 2 Personen
Zubereitungszeit: 30 Minuten

150 g griech. Joghurt (5 % Fett)
1 EL Zitronensaft
½ TL abgeriebene Bio-Zitronenschale
2 EL kalt gepresstes Olivenöl
Salz
2 Frühlingszwiebeln
2 Eier (Größe M)
¼ TL Piment d'Espelette
(ersatzweise Cayennepfeffer)
40 g Dinkelvollkornmehl
½ TL Weinsteinbackpulver
100 g rohe geschälte Garnelen
(frisch oder tiefgekühlt und aufgetaut)
3 Stiele Koriandergrün

Nährwerte pro Portion: ca. 350 kcal, 21 g EW, 21 g F, 19 g KH, 3 g BST

+ Den Joghurt in einer kleinen Schüssel mit Zitronensaft, Zitronenschale und 1 EL Öl verrühren, mit Salz würzen.

+ Für die Pancakes die Frühlingszwiebeln putzen, waschen und in dünne Ringe schneiden. Die Eier, ½ TL Salz und Piment d'Espelette in einer Rührschüssel mit einem Schneebesen verquirlen. Mehl und Backpulver mischen und unterrühren. Zuletzt die Frühlingszwiebelringe unterheben.

+ Garnelen waschen und trocken tupfen, größere Exemplare halbieren. Übriges Öl in einer beschichteten Pfanne erhitzen. Teig in 6 bis 8 Portionen nebeneinander in die Pfanne setzen und mit Garnelen belegen. Pancakes bei mittlerer Hitze 3 bis 4 Minuten backen, dann vorsichtig wenden und die andere Seite noch 3 bis 4 Minuten fertig backen.

+ Inzwischen das Koriandergrün waschen, trocken schütteln, die Blätter abzupfen und grob hacken. Zum Servieren die Pancakes auf Teller verteilen und mit dem Koriandergrün bestreuen. Den Zitronenjoghurt als Dip dazu reichen.

Die Ernährungs-Docs
Garnelen sind das perfekte Frühstück für Genießer. Sie schmecken süßlich-mild und punkten mit viel Eiweiß, kaum Fett und wertvollem Jod. Achten Sie beim Kauf von Garnelen auf gute Qualität. Sie sollten aus nachhaltiger Aquakultur stammen (z. B. ASC-Siegel) oder mit einem Bio-Label gekennzeichnet sein (z. B. Naturland).

KLEINE GERICHTE

Machen Sie mal Pause! Und tanken Sie energiereiches Fit-Food, das glücklich macht und leicht daherkommt: knackig-frische Salate, Gemüsesuppen, Veggie-Buletten, Sandwiches und Quiche. Alle Leckerbissen sind bürotauglich und punkten mit einem Vitalstoffplus für die Gesundheit. Zartes Fleisch, Fisch, Käse und Eier liefern den Sattmacher Eiweiß gleich mit.

ZOODLES-HIMBEER-SALAT

Leicht und kunterbunt: Zucchininudeln (Zoodles), junger Salat und Himbeer-Dressing bringen Frische, Mozzarella und Kichererbsen-Brösel liefern Eiweißpower.

Für 2 Personen
Zubereitungszeit: 25 Minuten

65 g Kichererbsen (aus der Dose)
2 TL helle Sesamsamen
½ TL Currypulver, Salz
½ TL abgeriebene Bio-Zitronenschale
100 g Himbeeren, 4 Zweige Thymian
2 Zucchini (à ca. 150 g; am besten 1 gelbe und 1 grüne)
150 g gemischte junge Salatblätter (z. B. Frisée, junger Mangold, Rucola, Spinat)
2 EL milder Weißweinessig
Pfeffer aus der Mühle
5 EL kalt gepresstes Olivenöl
100 g Mini-Mozzarellkugeln (Halbfettstufe)

Nährwerte pro Portion: ca. 420 kcal, 14 g EW, 31 g F, 16 g KH, 6 g BST

+ Die Kichererbsen in einem Sieb abbrausen, dann abtropfen lassen und trocken tupfen. Mit Sesam, Curry, ½ TL Salz und der Zitronenschale im Blitzhacker bröselig zerkleinern. Die Mischung zugedeckt beiseitestellen.

+ Die Himbeeren verlesen, waschen und trocken tupfen. Den Thymian waschen, trocken schütteln, die Blätter abzupfen und hacken. Die Zucchini putzen, waschen und mit dem Spiralschneider in lange dünne Nudelstreifen schneiden. Die Salatblätter verlesen, waschen und trocken schleudern.

+ Für die Vinaigrette 40 g Himbeeren mit Essig, Thymian, Salz, Pfeffer und Öl in einem hohen Rührbecher mit dem Stabmixer fein pürieren. Dann die Vinaigrette in einer Salatschüssel mit den Zucchininudeln, Salatblättern und übrigen Himbeeren vorsichtig mischen.

+ Zum Servieren den Salat auf Teller verteilen, die Mozzarellakugeln daraufsetzen und mit den Kichererbsen-Bröseln bestreuen. Wenn Sie den Salat mitnehmen möchten, am besten Dressing und Kichererbsen-Brösel getrennt packen.

Die Ernährungs-Docs
Statt „echter" Pasta aus Getreide kommen hier „Zoodles" in den Salat, also aus Zucchini gedrehte Nudeln. Weil sie viel Wasser, aber wenig Kalorien haben, sind Zoodles für gesundheitsbewusste Esser ideal (100 Gramm Zucchini schlagen mit 19 Kilokalorien kaum zu Buche). Außerdem ist die Zucchini-Pasta reich an Mineralstoffen: Kalzium sorgt beispielsweise im Körper für die Reizübertragung in den Nervenzellen und eine reibungslose Blutgerinnung.

SOMMERSALAT IM GLAS

Fruchtig frischer Lunch to go: Knackiges Gemüse, Bohnen, Blaubeeren und Ziegenkäse werden mit einer Vinaigrette ins Glas geschichtet.

Für 2 Gläser (à ca. 600 ml)
Zubereitungszeit: 20 Minuten
Kühlen: 8 Stunden, über Nacht

250 g weiße Bohnenkerne (aus der Dose)
2 kleine Möhren
8 Radieschen
100 g Blaubeeren
80 g junger Spinat
1 Handvoll Radieschensprossen
2 EL Balsamico bianco
1 EL Zitronensaft
1 TL Dijon-Senf
Pfeffer aus der Mühle
4 EL kalt gepresstes Olivenöl
80 g Ziegenfrischkäse
1 EL Pinienkerne

Nährwerte pro Portion: ca. 370 kcal, 11 g EW, 26 g F, 18 g KH, 7 g BST

+ Am Vortag die Bohnenkerne in einem Sieb abbrausen und gut abtropfen lassen. Die Möhren putzen und schälen, die Radieschen waschen und putzen, dann beides getrennt mit einem Messer in feine Scheiben schneiden oder auf der Gemüsereibe hobeln.

+ Blaubeeren und Spinat verlesen, waschen und trocken tupfen. Die Sprossen in einem Sieb abbrausen und abtropfen lassen. Für die Vinaigrette Essig, Zitronensaft, Senf, Salz und Pfeffer verrühren. Das Öl nach und nach unterschlagen.

+ Zuerst die Vinaigrette in die Gläser gießen. Dann nacheinander Bohnen, Möhren, Radieschen und Blaubeeren darüberschichten, anschließend Spinat und Sprossen daraufgeben. Zuletzt den Ziegenkäse zerbröckeln und mit den Pinienkernen darüberstreuen.

+ Die Gläser verschließen und etwa 8 Stunden, am besten über Nacht, in den Kühlschrank stellen. Im Glas mitnehmen, zum Essen auf einen Teller stürzen und vorsichtig mit der Vinaigrette mischen.

Die Ernährungs-Docs
Weiße Bohnen aus der Dose sind bereits vorgegart, können aber getrost verwendet werden, weil der Unterschied im Nährstoffgehalt zu lange eingeweichten und gekochten (getrockneten) Bohnen nicht sehr groß ist. Sie sind äußerst nahrhaft, stecken voller Eiweiß und sättigender Ballaststoffe und liefern viel Eisen (gut 5 Milligramm pro 100 Gramm) und Magnesium.

SPITZKOHL-ERDNUSS-SALAT MIT HÄHNCHEN

Der Fernost stand Pate für den Salat, der vitaminreich erfrischt und mit Nüssen für Extrabiss sorgt. Hähnchen puscht mit dem B-Vitamin Niacin den Stoffwechsel.

Für 2 Personen
Zubereitungszeit: 40 Minuten

200 g Spitzkohl, Salz
1 rote Spitzpaprikaschote
2 Frühlingszwiebeln
1 große Möhre (ca. 100 g)
1 EL Erdnussmus („crunchy")
2 EL Limettensaft
1 EL glutenfreie ungesüßte Sojasauce (z. B. Tamari), 1 TL Reissirup
2 EL kalt gepresstes Rapskernöl
Chiliflocken
200 g Hähnchenbrustfilet
2 TL helles Sesamöl
Pfeffer aus der Mühle
20 g ungesalzene Erdnusskerne

Nährwerte pro Portion: ca. 450 kcal, 33 g EW, 27 g F, 15 g KH, 7 g BST

+ Den Spitzkohl putzen, den harten Strunk entfernen und die Blätter in dünne Streifen schneiden. In einer Schüssel mit ½ TL Salz mit den Händen etwa 2 Minuten leicht durchkneten. Paprika halbieren, putzen, waschen und quer in feine Streifen schneiden. Frühlingszwiebeln putzen, waschen, weiße und grüne Teile schräg in dünne Ringe schneiden. Möhre putzen, schälen und auf der Gemüsereibe grob raspeln. 1 EL Frühlingszwiebelgrün zum Garnieren beiseitestellen, das übrige Gemüse in einer Schüssel mischen.

+ Für das Dressing Erdnussmus, 2 EL Wasser, Limettensaft, Sojasauce, Reissirup und Rapskernöl verrühren. Alles mit Salz und Chiliflocken würzen und gut mit dem Gemüse mischen, den Salat etwa 20 Minuten durchziehen lassen.

+ Inzwischen das Fleisch waschen, trocken tupfen und quer in etwa 2 cm breite Streifen schneiden. In einer Grillpfanne im Sesamöl auf jeder Seite 2 bis 3 Minuten braten, salzen und pfeffern. Erdnüsse hacken, mit Frühlingszwiebelgrün über den Salat streuen. Das Hähnchen dazu servieren.

Die Ernährungs-Docs
Greifen Sie bei diesem Salat beherzt zu, wenn Sie rohes Gemüse gut vertragen. Spitzkohl, Paprika, Frühlingszwiebeln und Möhren enthalten viele Vitamine und sekundäre Pflanzenstoffe, die gesund und für den Körper wichtig sind. Verluste an wertvollen Inhaltsstoffen, die Kochen, Dämpfen oder Dünsten mit sich bringen, gibt es hier beim Gemüse nicht.

OFENGEMÜSE-SALAT MIT NUDELN

Der Herbst-Mix aus würzigem Kürbis, Brokkoli und magerem Fleisch lässt den Hunger schnell und lange vergessen. Mit Nüssen und Joghurt perfekt für die ganze Familie.

Für 2 Personen
Zubereitungszeit: 45 Minuten
Garen: 25 Minuten

400 g Muskat- oder Butternusskürbis
200 g Brokkoliröschen
1 rote Zwiebel
200 g Putenschnitzel
30 g Walnusskerne
3 EL raffiniertes Olivenöl
1 EL Gyros-Gewürzmischung (ohne Zusatzstoffe oder Zuckerzusatz)
80 g Vollkorn-Fusilli, Salz
100 g Joghurt (1,5 % Fett)
2 EL Zitronensaft
Pfeffer aus der Mühle
3 EL gehackte Petersilie

Nährwerte pro Portion: ca. 610 kcal, 40 g EW, 29 g F, 40 g KH, 12 g BST

+ Den Backofen auf 220 °C vorheizen. Den Kürbis schälen, entkernen und etwa 2 cm groß würfeln. Den Brokkoli putzen und waschen. Zwiebel schälen, halbieren, in etwa 1 ½ cm breite Spalten schneiden. Das Fleisch waschen, trocken tupfen und in Streifen schneiden. Nüsse grob hacken.

+ In einer Schüssel das Öl mit dem Gyros-Gewürz verrühren. Kürbis, Brokkoli, Zwiebel und Pute dazugeben, alles gut mischen und auf einem Backblech verteilen. Im Ofen auf der 2. Schiene von unten etwa 25 Minuten garen. Dabei nach etwa 15 Minuten wenden und mit Nüssen bestreuen.

+ Inzwischen Nudeln in reichlich kochendem Salzwasser nach Packungsanweisung bissfest garen. In ein Sieb abgießen und abtropfen lassen, dabei etwa 100 ml Kochwasser auffangen. Den Joghurt mit Zitronensaft und Salz verrühren.

+ Die Gemüse-Fleisch-Mischung aus dem Ofen nehmen, mit Nudeln und Kochwasser in einer Schüssel mischen, salzen und pfeffern. Der Salat schmeckt lauwarm oder kalt, zum Servieren mit Petersilie bestreuen und den Dip dazu reichen. Zum Mitnehmen Salat und Dip separat verpacken.

Die Ernährungs-Docs

Weil Vollkornnudeln viele Ballaststoffe enthalten, werden ihre Kohlenhydrate langsamer ins Blut aufgenommen. Die Folge: Der Insulinspiegel steigt nicht so stark und nicht so schnell an. Außerdem haben wir in diesem Rezept die oft üblichen Mengenverhältnisse getauscht: Hier gibt es nur 1 Handvoll Pasta, dafür reichlich Kürbis und Brokkoli.

SMOOTHIES

Einmal auftanken, ohne lange in der Küche stehen zu müssen? Bitte sehr! Die Smoothies sind schnell gemixt und ideal für alle, die auf dem Sprung sind. Mit Papaya und Haferdrink oder Beeren und Buttermilch schön sättigend, mit Gurken und Ingwer frisch und leicht scharf: Wie es Ihnen gefällt!

PAPAYA-SANDDORN-SMOOTHIE

Für 2 große Gläser (à ca. 350 ml Inhalt): **400 g reife Papaya** entkernen, schälen und grob schneiden. Mit **2 EL Limettensaft, 2 TL Cashewmus, 2 EL Quinoaflocken** (aus dem Bioladen)**, 4 EL Sanddornsauce mit Honig** (aus dem Bioladen)**, ½ TL Zimtpulver** und **400 ml ungesüßtem glutenfreiem Haferdrink** im Standmixer oder in einem hohen Rührbecher cremig-fein pürieren. Auf Gläser verteilen und frisch genießen.

Nährwerte pro Portion: ca. 220 kcal, 3 g EW, 7 g F, 31 g KH, 6 g BST

BEEREN-BUTTERMILCH-DRINK

Für 2 große Gläser (à ca. 350 ml Inhalt): **150 g tiefgekühlte Beerenmischung** etwa 10 Minuten antauen lassen. **150 g Rote Bete** (vorgegart und vakuumiert) grob schneiden. Beides mit **2 TL dunklem Mandelmus, ½ TL gemahlener Vanille, 2 TL Lucuma-Pulver** (aus dem Bioladen) und **400 ml reiner Buttermilch** (max. 1 % Fett) im Standmixer oder in einem hohen Rührbecher sehr fein pürieren. Falls der Drink zu dick ist, noch etwas Wasser untermixen. Auf Gläser verteilen und sofort servieren.

Nährwerte pro Portion:
ca. 180 kcal, 10 g EW, 5 g F, 21 g KH, 4 g BST

GRÜNER SALAT-KIWI-SHAKE

Für 2 große Gläser (à ca. 350 ml Inhalt): **2 frische Datteln** (z. B. Medjoul) in Stücke schneiden. **50 g Feldsalat** verlesen, waschen und trocken tupfen. **1 Kiwi** und **½ Salatgurke** schälen, grob schneiden. **10 g Ingwer** schälen und fein reiben. Alles mit **2 EL geschälten Hanfsamen** (aus dem Bioladen), **100 ml ungesüßter Kokosmilch** und **150 ml kaltem Wasser** im Standmixer oder in einem hohen Rührbecher cremig-fein pürieren. Falls der Shake zu dick ist, noch etwas Wasser untermixen. Sofort genießen.

Nährwerte pro Portion:
ca. 280 kcal, 6 g EW, 18 g F, 22 g KH, 6 g BST

GRÜNE SMOOTHIE-BOWL MIT EI

Goodbye, Zucker! Statt Obst kommen in den Smoothie nur grünes Gemüse und Brühe – so können Sie Vitamine tanken und der Verdauung eine Pause gönnen.

Für 2 Personen
Zubereitungszeit: 20 Minuten

2 Eier (Größe M)
150 g Zucchini
75 g tiefgekühlte Erbsen
½ reife Avocado
70 g Brunnenkresse (ersatzweise junger Spinat)
30 g junger Spinat
2 EL Zitronensaft
400 ml glutenfreie kalte Gemüsebrühe
Salz, Pfeffer aus der Mühle
½ TL rosenscharfes Paprikapulver

Nährwerte pro Portion: ca. 250 kcal, 13 g EW, 15 g F, 11 g KH, 6 g BST

+ Die Eier in kochendem Wasser 5 bis 6 Minuten wachsweich garen, kalt abschrecken und abkühlen lassen.

+ Inzwischen die Zucchini putzen, waschen und in Stücke schneiden. Die Erbsen antauen lassen. Die Avocadohälfte schälen und grob zerteilen. Brunnenkresse und Spinat verlesen, waschen und trocken tupfen, dabei grobe Stiele entfernen. 1 Handvoll Brunnenkresse zum Garnieren beiseitelegen, den Rest grob schneiden.

+ Zucchini, Erbsen, Avocado, Brunnenkresse, Spinat und Zitronensaft in den Mixer geben und die Brühe dazugießen. Alles erst auf kleiner Stufe, dann auf höchster Stufe glatt pürieren. Falls der Smoothie zu dick ist, noch etwas Wasser untermixen. Den Smoothie mit Salz, Pfeffer und Paprikapulver würzen und nochmals kurz durchmixen.

+ Zum Servieren den Smoothie auf Schalen (Bowls) oder tiefe Teller verteilen. Die Eier pellen, längs halbieren und darauf anrichten. Mit der beiseitegelegten Brunnenkresse garnieren. Zum Mitnehmen den Smoothie in Twist-off-Gläser füllen, Eier und Brunnenkresse separat verpacken.

Die Ernährungs-Docs
Als leichte Rohkost-Mahlzeit zum Löffeln ist diese Bowl die perfekte Büromahlzeit. Im Pflanzengrün, insbesondere in Blattgemüse wie Brunnenkresse und Spinat, stecken Vitamine und Mineralstoffe in hoher Konzentration. Dazu kommen reichlich sekundäre Pflanzenstoffe und der grüne Pflanzenfarbstoff Chlorophyll, der blutbildend wirkt und den Stoffwechsel unterstützt.

ASIA-SUPPE MIT FISCHBÄLLCHEN

Eine kleine leichte Mahlzeit, die unserem Körper guttut: Reichlich grünes Gemüse peppt uns mit Nähr- und Vitalstoffen auf und bringt den Stoffwechsel in Schwung.

Für 2 Personen
Zubereitungszeit: 30 Minuten

200 g weißes Fischfilet
(z. B. Kabeljau, Heilbutt)
½ Eiweiß (ca. 2 EL)
½ EL Buchweizenmehl (aus dem Bioladen)
2 TL dunkles Sesamöl
30 g Ingwer, 1 Knoblauchzehe
½ rote Chilischote
250 g Kohlrabi
100 g Zuckerschoten
100 g Shiitake-Pilze
2–3 Baby-Pak-Choi (ca. 100 g)
2 Frühlingszwiebeln
1 EL kalt gepresstes Rapskernöl
3–4 EL glutenfreie ungesüßte Sojasauce
(z. B. Tamari), Salz
1–2 TL Limettensaft

Nährwerte pro Portion: ca. 330 kcal, 27 g EW, 13 g F, 23 g KH, 8 g BST

+ Das Fischfilet waschen, trocken tupfen und in kleine Würfel schneiden. Dann mit dem Eiweiß, Buchweizenmehl und Sesamöl im Blitzhacker fein pürieren. Aus der Farce mit angefeuchteten Händen 8 Bällchen formen und kühl stellen.

+ Ingwer und Knoblauch schälen und in feine Scheiben schneiden. Die Chilischote längs halbieren, waschen und samt Kernen fein würfeln. Den Kohlrabi putzen, schälen und in etwa 1 cm große Würfel schneiden. Die Zuckerschoten waschen und schräg halbieren. Die Pilze putzen, falls nötig, trocken abreiben und größere Exemplare halbieren. Den Pak Choi putzen, waschen und grob schneiden. Die Frühlingszwiebeln putzen, waschen und in dünne Ringe schneiden.

+ Rapskernöl in einem Topf erhitzen und Ingwer, Knoblauch und Chili darin bei mittlerer Hitze etwa 3 Minuten dünsten. Den Kohlrabi hinzufügen und kurz mitdünsten. ¾ l Wasser und 2 EL Sojasauce dazugießen, alles aufkochen und mit geschlossenem Deckel bei mittlerer Hitze etwa 7 Minuten garen. Danach das restliche Gemüse und die Pilze hinzufügen, alles 2 bis 3 Minuten mitgaren.

+ Inzwischen 1 l leicht gesalzenes Wasser aufkochen, die Fischbällchen darin 4 bis 5 Minuten gar ziehen lassen. Mit einem Schaumlöffel herausnehmen und auf Schalen verteilen. Die Gemüsesuppe mit der übrigen Sojasauce und dem Limettensaft abschmecken und über die Bällchen gießen.

GELBE ZUCCHINISUPPE MIT WÜRZTOPPING

Statt im klassischen Grün kommt die Zucchini hier in Sonnengelb daher und überrascht mit pikantem Topping. Der Clou: Die Suppe schmeckt warm oder kalt.

Für 2 Personen
Zubereitungszeit: 30 Minuten

1 kleine Zwiebel
10 g Ingwer
300 g gelbe Zucchini
1 mehligkochende Kartoffel (ca. 100 g)
1 EL kalt gepresstes Olivenöl
Salz, Pfeffer aus der Mühle
300 ml glutenfreie Gemüsebrühe
100 ml Mandelsahne (Sahneersatz; aus dem Bioladen)
40 g getrocknete Tomaten (in Öl)
30 g grüne Oliven (ohne Stein)
3 Stiele Basilikum
2 TL Aceto balsamico

Nährwerte pro Portion: ca. 240 kcal, 6 g EW, 15 g F, 16 g KH, 5 g BST

+ Zwiebel und Ingwer schälen und fein würfeln. Die Zucchini putzen, waschen und in etwa 1 cm große Würfel schneiden. Die Kartoffel schälen, waschen und ebenfalls würfeln. Zwiebel und Ingwer in einem Topf im Öl bei milder Hitze 2 bis 3 Minuten dünsten. Zucchini- und Kartoffelwürfel etwa 3 Minuten mitdünsten, mit Salz und Pfeffer würzen. Brühe und Sahne dazugießen, alles aufkochen und mit geschlossenem Deckel bei mittlerer Hitze etwa 20 Minuten garen.

+ Inzwischen für das Topping getrocknete Tomaten und Oliven abtropfen lassen und getrennt fein würfeln. Basilikum waschen, trocken schütteln und die Blätter abzupfen. Einige Blätter zum Garnieren beiseitelegen, den Rest in feine Streifen schneiden und mit Tomaten, Oliven und Essig mischen.

+ Die Suppe mit dem Stabmixer fein pürieren, mit Salz und Pfeffer abschmecken. Zum Servieren in Schalen oder tiefen Tellern anrichten, mit dem Topping und dem beiseitegelegten Basilikum garnieren. Dazu passt Vollkornbaguette. Zum Mitnehmen Suppe und Topping separat verpacken.

Die Ernährungs-Docs

Veganer müssen nicht auf die cremig-samtige Konsistenz der Suppe verzichten. Mandelsahne (im Handel als „Mandel Cuisine") ist zum Beispiel eine leckere und gesunde Alternative zur Sahne aus Kuhmilch, weil sie mit 8 bis 9 % deutlich weniger Fett enthält. Zudem ist die Pflanzensahne cholesterinfrei und aufgrund der Mandelbasis besonders nährreich und fettgesund.

GRAVED-LACHS-EI-SANDWICH

Wenn Sie die Gourmet-Stulle im Büro auspacken, sind Ihnen neidische Blicke gewiss! Mit der Brotzeit kommen Sie leicht und lecker über jedes Mittagstief hinweg.

Für 2 Personen
Zubereitungszeit: 20 Minuten

2 Eier (Größe M)
50 g Salatgurke
1 Tomate
½ Beet Kresse
2 EL Frischkäse (Halbfettstufe)
2 TL körniger Senf
4 Scheiben Vollkornbrot (à ca. 60 g)
50 g Graved Lachs (in dünnen Scheiben)
Salz, Pfeffer aus der Mühle

Nährwerte pro Portion: ca. 430 kcal, 25 g EW, 12 g F, 50 g KH, 11 g BST

+ Eier in kochendem Wasser etwa 10 Minuten hart garen, kalt abschrecken und pellen. Die Eier mit dem Eierschneider oder einem scharfen Messer in Scheiben schneiden.

+ Inzwischen die Gurke waschen, streifig schälen und in 8 Scheiben schneiden. Die Tomate waschen und in 4 Scheiben schneiden, dabei Kerne und Stielansatz entfernen. Die Kresse vom Beet schneiden, waschen und trocken tupfen.

+ Den Frischkäse mit dem Senf verrühren und gleichmäßig auf die Brotscheiben streichen. 2 Brotscheiben mit Gurken- und Tomatenscheiben belegen, darauf den Lachs und die Eierscheiben verteilen. Alles leicht mit Salz und Pfeffer würzen und mit der Kresse bestreuen.

+ Die übrigen Brotscheiben darauflegen und die Sandwiches etwas festdrücken. Zum Mitnehmen in Pergamentpapier wickeln und in Frischhalteboxen kühl aufbewahren.

Die Ernährungs-Docs
Wer sich mittags schnell etwas am Arbeitsplatz „reinschiebt", isst oft unkontrolliert und mehr als nötig – zum Beispiel fettes und kalorienreiches Fast Food vom Imbiss um die Ecke. Dass man dann zunimmt, ist kein Wunder: Zu rasches Essen überlistet nämlich unser Sättigungsgefühl, das erst verzögert einsetzt. Besser: Nehmen Sie sich zu Hause die Zeit – am Vorabend oder Morgen – und „schnüren" Sie sich ein gesundes Sandwich-Päckchen mit sättigendem Eiweiß (wie Eier, Frischkäse oder Fisch), vitaminreicher Rohkost und komplexen Kohlenhydraten aus Vollkornbrot. Dann ist der Süßhunger am Nachmittag kein Thema mehr!

LIMO, EISTEE & CO.

Die nächste Hitzewelle kann kommen! Gut gekühlt, fruchtig und mit viel Wasser als Hauptzutat erfrischen unsere Mixgetränke auf gesunde und leichte Art. Ihr Zuckergehalt liegt weit unter der für kommerzielle Limonaden vorgeschriebenen Mindestmarke von 7 Gramm Zucker pro 100 ml.

GURKEN-ZITRONEN-LIMO

Für 4 Gläser (à ca. ¼ l Inhalt): **2 Stängel Zitronengras** putzen und in Stücke schneiden. In einem Topf mit **300 ml Wasser** aufkochen, dann mit geschlossenem Deckel bei milder Hitze etwa 5 Minuten köcheln lassen. Herd abschalten, alles etwa 15 Minuten ziehen lassen. Inzwischen **250 g Salatgurke** waschen, würfeln, im Mixer oder mit dem Stabmixer fein zerkleinern und durch ein Sieb passieren. Gurkenwasser mit abgeseihtem Zitronengrassirup, **4 EL Reissirup** und **Saft von 1 Zitrone** verrühren, kühl stellen. Zum Servieren mit **700 ml gekühltem Mineralwasser** (mit Kohlensäure) auffüllen. Nach Belieben mit Eiswürfeln und Bio-Zitrone servieren.

Nährwerte pro Portion:
ca. 40 kcal, 0 g EW, 0 g F, 9 g KH, 0 g BST

HOLLER-APFEL-EISTEE

Für 4 Gläser (à ca. ¼ l Inhalt): **4 Filterbeutel Holunderblüten-Apfel-Tee** mit ¼ l kochendem Wasser aufgießen, etwa 10 Minuten ziehen lassen. Teebeutel entfernen, **10 Eiswürfel** dazugeben und etwa 1 Stunde kühl stellen. Mit **300 ml gekühltem Apfelsaft** (Direktsaft oder naturtrüb) und **400 ml gekühltem Mineralwasser** (mit Kohlensäure) aufgießen. Zum Servieren **2 Eiswürfel** in jedes Glas geben und mit dem Eistee auffüllen.

Nährwerte pro Portion:
ca. 40 kcal, 0 g EW, 0 g F, 10 g KH, 0 g BST

ERDBEERSPRUDEL MIT MINZE

Für 4 Gläser (à ca. 300 ml Inhalt): **250 g Erdbeeren** putzen, waschen, grob schneiden. Mit **abgeriebener Schale und Saft von 1 Bio-Limette** und **10 gewaschenen Minzeblättern** im Standmixer oder in einem hohen Rührbecher mit dem Stabmixer pürieren. In eine Karaffe oder Gläser füllen und mit **1 l gekühltem Mineralwasser** (mit Kohlensäure) auffüllen.

Nährwerte pro Portion:
ca. 30 kcal, 1 g EW, 0 g F, 5 g KH, 1 g BST

GINGER BEER

Für 4 Gläser (à ca. ¼ l Inhalt): Am Vortag **80 g Ingwer** schälen und fein reiben. **¾ l Wasser** aufkochen, Ingwer, **4 EL Reissirup**, **abgeriebene Schale von 1 Bio-Zitrone und ½ Bio-Orange** dazugeben. Den Sud vom Herd nehmen und etwa 8 Stunden, am besten über Nacht, ziehen lassen. Am nächsten Tag **Saft von 1 Bio-Zitrone und ½ Bio-Orange** unterrühren, alles durch ein feines Sieb gießen und **2 Msp. Trockenhefe** hinzufügen. Den Ansatz in eine sterile Bügelflasche füllen, verschließen, gut durchschütteln und im Kühlschrank 2 Tage fermentieren lassen. Zum Servieren nach Belieben mit Mineralwasser (mit Kohlensäure) auffüllen.

Nährwerte pro Portion:
ca. 70 kcal, 1 g EW, 0 g F, 9 g KH, 0 g BST

KOHLRABI-BRATLINGE MIT GURKENSALAT

Die Veggie-Bratlinge aus Möhren, Kohlrabi und Kartoffeln haben wenig Kohlenhydrate und überzeugen mit ihrem süßlichen Geschmack auch kleine Gemüsemuffel.

Für 2 Personen
Zubereitungszeit: 45 Minuten
Garen: 35–40 Minuten

500 g Kohlrabi
2 Möhren
100 g vorwiegend festkochende Kartoffeln
Salz
2 Schalotten
1 Ei (Größe M)
3 EL Grünkernmehl
Pfeffer aus der Mühle
4 Mini-Salatgurken
150 g Joghurt (1,5 % Fett)
2 EL Apfelessig
1 EL gehackte Dillspitzen

Nährwerte pro Portion: ca. 280 kcal, 14 g EW, 5 g F, 40 g KH, 8 g BST

+ Kohlrabi, Möhren und Kartoffeln putzen, schälen und auf der Gemüsereibe grob raspeln. Mit etwas Salz bestreuen und etwa 10 Minuten ziehen lassen. Inzwischen die jungen Kohlrabiblätter waschen, trocken schütteln und in feine Streifen schneiden. Schalotten schälen und fein würfeln.

+ Den Backofen auf 180 °C vorheizen. Ein Backblech mit Backpapier belegen. Die Gemüseraspel in einem Küchentuch gründlich auspressen und mit Schalotten, Ei, Mehl und Kohlrabiblättern gut mischen, salzen und pfeffern. Aus der Masse mit angefeuchteten Händen 8 kleine Bratlinge formen und nebeneinander auf das Blech setzen. Im Ofen auf der mittleren Schiene 35 bis 40 Minuten goldbraun backen, dabei nach der Hälfte der Garzeit wenden. Herausnehmen.

+ Inzwischen Gurken waschen und auf der Gemüsereibe in dünne Scheiben hobeln. Joghurt, Essig, Salz und Pfeffer verrühren, Gurken und Dill untermischen. Den Salat zu den Bratlingen servieren. Zum Mitnehmen separat verpacken.

Die Ernährungs-Docs
Greifen Sie ruhig häufiger zu Kohlrabi. Er ist bekömmlich wie kein anderer Kohl und sogar roh leicht verdaulich. Außerdem punktet die hellgrüne Knolle mit einem hohen Gehalt an Vitamin C (etwa 63 Milligramm pro 100 Gramm) und stärkt das Immunsystem. Auch Betacarotin, Vitamin E für Haut und Haare, Vitamine der B-Gruppe und Magnesium für Nervensystem, Durchblutung und Muskeln sind im Kohlrabi zu finden.

FALAFELN MIT ROTE-BETE-DIP

Das Geheimnis dieser knusprigen Bällchen sind aromatische Kräuter und Gewürze. Mit Joghurt und feinsüßlicher Roter Bete holen sie den Orient ein Stück näher.

Für 2 Personen
Zubereitungszeit: 35 Minuten
Ruhen: 1 Stunde

180 g Kichererbsen (aus der Dose)
1 kleine Zwiebel
1 Knoblauchzehe
6 Stiele Koriandergrün
4 Stiele Petersilie
¼ TL Cayennepfeffer
½ TL gemahlener Kreuzkümmel
½ TL gemahlener Koriander
Salz, Pfeffer aus der Mühle
¼ TL Weinsteinbackpulver
2 EL Kichererbsenmehl (aus dem Bioladen)
1 EL helle Sesamsamen
200 g Rote Bete
(vorgegart und vakuumiert)
1 EL griech. Joghurt (5 % Fett)
1 EL dunkles Mandelmus
1–2 TL Zitronensaft
4 EL kalt gepresstes Olivenöl

Nährwerte pro Portion: ca. 510 kcal, 14 g EW, 33 g F, 35 g KH, 9 g BST

+ Die Kichererbsen in einem Sieb abbrausen und abtropfen lassen. Zwiebel und Knoblauch schälen und in feine Würfel schneiden. Koriandergrün und Petersilie waschen, trocken schütteln und die Blätter abzupfen. Einige Blätter Koriandergrün zum Garnieren beiseitelegen.

+ Kichererbsen, Zwiebel und Knoblauch mit dem übrigen Koriandergrün und Petersilie in einen hohen Rührbecher geben. Cayennepfeffer, Kreuzkümmel, Koriander, ¼ TL Salz, Pfeffer und Backpulver hinzufügen und alles mit dem Stabmixer fein pürieren.

+ Mehl, Sesam und 1 bis 2 EL Wasser dazugeben und die Masse fest verkneten. Daraus mit angefeuchteten Händen 8 Kugeln formen, nach Belieben etwas flach drücken und zugedeckt etwa 1 Stunde ruhen lassen.

+ Inzwischen die Rote Bete in grobe Würfel schneiden (dazu am besten Einweghandschuhe tragen, da die Knollen stark abfärben!) und in einem hohen Rührbecher mit dem Stabmixer ebenfalls fein pürieren. Dann Joghurt und Mandelmus unterheben und den Dip mit Salz, Pfeffer und Zitronensaft abschmecken.

+ Das Öl in einer Pfanne erhitzen und die Falafeln darin bei mittlerer Hitze auf jeder Seite 4 bis 5 Minuten goldbraun braten. Herausnehmen und auf Küchenpapier abtropfen lassen. Die Falafeln mit dem Dip und dem beiseitegelegten Koriandergrün servieren. Zum Mitnehmen die abgekühlten Falafeln und den Dip separat verpacken.

SPINATQUICHE MIT KRABBEN

Klein, aber fein! Der würzige Spinatkuchen mit Parmesan und zitrusfrischer Eiersahne macht rundum satt und glücklich. Das wird Ihr neuer Liebling aus dem Ofen, wetten?

Für 1 kleine Springform
(ca. 18 cm Durchmesser; 4 Stücke)
Zubereitungszeit: 45 Minuten
Kühlen: 1 Stunde
Backen: 25–30 Minuten

100 g Dinkelvollkornmehl, Salz
50 g Frischkäse (Halbfettstufe)
50 g kalte Butter
300 g junger Spinat, 1 rote Zwiebel
1 ½ EL kalt gepresstes Olivenöl
Pfeffer aus der Mühle
Rapskernöl für die Form
2 Eier (Größe M)
100 g saure Sahne (10 % Fett)
1 TL abgeriebene Bio-Zitronenschale
25 g geriebener Parmesan
Dinkelvollkornmehl zum Arbeiten
80 g Nordseekrabbenfleisch

Nährwerte pro Stück: ca. 380 kcal, 17 g EW, 25 g F, 20 g KH, 4 g BST

+ Für den Teig Mehl, ¼ TL Salz, Frischkäse, Butter in Würfeln und 2 bis 3 EL eiskaltes Wasser mit den Knethaken des Handrührgeräts glatt verarbeiten. Den Teig zu einer Kugel formen und in Folie gewickelt etwa 1 Stunde kühl stellen.

+ Inzwischen Spinat verlesen, waschen, trocken schleudern und grob hacken. Zwiebel schälen, halbieren und in feine Streifen schneiden. Spinat und Zwiebel in einer Pfanne im Öl bei mittlerer Hitze 2 bis 3 Minuten andünsten, salzen und pfeffern. Dann in einem Sieb gut abtropfen lassen.

+ Den Backofen auf 200 °C vorheizen. Die Ränder der Form einfetten, den Boden mit Backpapier bespannen. Eier und saure Sahne verquirlen, mit Salz, Pfeffer und Zitronenschale würzen, Parmesan unterrühren. Den Teig auf der leicht bemehlten Arbeitsfläche ausrollen und in die Form legen, am Rand etwa 2 cm hochdrücken. Den Spinat-Mix darauf verteilen und die Eiersahne darübergießen. Die Quiche im Ofen auf der mittleren Schiene 25 bis 30 Minuten backen. Herausnehmen und etwa 10 Minuten abkühlen lassen. Die Krabben kalt abbrausen und trocken tupfen. Die Quiche aus der Form lösen und mit den Krabben bestreuen.

Die Ernährungs-Docs
Spinat ist gesund, das weiß inzwischen jedes Kind. Er enthält viele Mineralstoffe, Vitamine und natürlich Eisen. Allerdings ist er – anders als früher vermutet – keine optimale Eisenquelle, denn die im Spinat ebenfalls reichlich enthaltene Oxalsäure bindet das Spurenelement. Tipp: Dünsten oder Blanchieren hilft, weil dabei eine Menge Oxalsäure verloren geht.

HAUPTGERICHTE

Gefüllte Paprika, mediterrane Pasta, Frikadellen mit Ofengemüse: Unsere Genießerrezepte mit frischem Gemüse, magerem Fleisch und feinem Fisch haben es in sich. Reich an Eiweiß und natürlichen Ballaststoffen halten sie lange satt. Und dank weniger Kohlenhydrate, ausgewogener Zutaten und gesunder Inhaltsstoffe kommen Sie damit ganz leicht in Topform.

MEDITERRANE GEMÜSE-PASTA

Vollkornnudeln mit buntem Gemüse, Basilikum und Oliven sind der perfekte Mix für den Sommer. Zitroniger Ricotta toppt mit wertvollem Eiweiß und Kalzium.

Für 2 Personen
Zubereitungszeit: 25 Minuten

200 g junge Zucchini
1 gelbe Paprikaschote
1 Knoblauchzehe
1 Zweig Rosmarin
200 g Strauchtomaten
40 g schwarze Oliven (ohne Stein)
4 Stiele Basilikum
160 g Vollkorn-Penne, Salz
125 g Ricotta (Halbfettstufe)
1 TL abgeriebene Bio-Zitronenschale
3 EL kalt gepresstes Olivenöl
Pfeffer aus der Mühle
1–2 EL Balsamico bianco

Nährwerte pro Portion: ca. 620 kcal, 22 g EW, 30 g F, 59 g KH, 14 g BST

+ Zucchini putzen, waschen, längs halbieren und in etwa ½ cm dicke Scheiben schneiden. Paprika vierteln, putzen, waschen und in etwa 1 cm breite Streifen schneiden. Knoblauch schälen und fein würfeln. Rosmarin waschen, Nadeln abzupfen und fein hacken. Tomaten waschen und sechsteln, dabei Stielansätze entfernen. Die Oliven abtropfen lassen. Das Basilikum waschen, trocken schütteln, Blätter abzupfen.

+ Die Nudeln in reichlich kochendem Salzwasser nach Packungsanweisung bissfest garen. Inzwischen den Ricotta mit der Zitronenschale verrühren. 2 EL Öl in einer großen Pfanne erhitzen und Zucchini, Paprika, Knoblauch und Rosmarin darin bei mittlerer Hitze etwa 3 Minuten unter Rühren anbraten. Die Tomaten dazugeben und etwa 1 Minute mitbraten. Dann alles mit Salz, Pfeffer und Essig würzen.

+ Die Nudeln in ein Sieb abgießen, dabei 50 ml Nudelkochwasser auffangen. Zum Servieren die Nudeln mit dem Nudelkochwasser, den Oliven und der Hälfte der Basilikumblätter mischen, die Pasta auf tiefe Teller verteilen und mit dem übrigen Öl beträufeln. Den Ricotta-Mix daraufsetzen und mit dem restlichen Basilikum garnieren.

Die Ernährungs-Docs
Olivenöl spielt in der mediterranen Küche eine wichtige Rolle. Es enthält etwa 73 % ungesättigte Fettsäuren und viele Antioxidantien. Außerdem liefert es Ölsäure, die das „schlechte" LDL-Cholesterin senkt, oder Oleuropein, das die Arterien weitet. Da beim Kochen in Wasser Antioxidantien ausgewaschen werden, ist in Olivenöl gedünstetes Gemüse gesünder.

BRATREIS MIT GEMÜSE UND EI

Kalorienarm, knackig und kurz gebraten: Brokkoli, Zuckerschoten und Frühlingszwiebeln bringen viele Vitalstoffe, Eier und Sprossen versorgen uns mit sättigendem Eiweiß.

Für 2 Personen
Zubereitungszeit: 40 Minuten

100 g Vollkorn-Basmatireis
200 g Brokkoli
1 Knoblauchzehe, 20 g Ingwer
100 g Zuckerschoten
3 Frühlingszwiebeln
250 g frische Mungobohnensprossen
2 Eier (Größe M)
Salz, Pfeffer aus der Mühle
4 ½ EL raffiniertes Rapskernöl
1–2 EL glutenfreie ungesüßte Sojasauce (z. B. Tamari)
1 TL Sambal oelek
1 EL Limettensaft
2 EL Cashewkerne

Nährwerte pro Portion: ca. 660 kcal, 23 g EW, 36 g F, 57 g KH, 10 g BST

+ Den Reis in einem Sieb abbrausen und abtropfen lassen, dann in kochendem Wasser nach Packungsanweisung bissfest garen. Anschließend den Herd ausschalten, den Reis mit einer Gabel lockern und offen ausdampfen lassen.

+ Inzwischen das Gemüse putzen und waschen bzw. schälen: Brokkoli in Röschen teilen, Stiele schälen und klein würfeln. Knoblauch und Ingwer schälen und fein würfeln. Die Zuckerschoten diagonal halbieren. Die Frühlingszwiebeln in dünne Ringe schneiden. Die Sprossen in einem Sieb abbrausen und abtropfen lassen. Die Eier in einer kleinen Schüssel verquirlen, mit Salz und Pfeffer würzen.

+ Den Reis in einem Wok in 2 EL Öl bei starker Hitze unter Wenden 2 bis 3 Minuten braten, dann herausnehmen. Den Brokkoli mit 2 EL Öl im Wok unter Rühren 2 bis 3 Minuten braten. Knoblauch, Ingwer, Zuckerschoten und die Hälfte der Frühlingszwiebeln dazugeben, 2 bis 3 Minuten mitbraten. Die Hälfte der Sprossen hinzufügen, kurz mitbraten. Den Reis untermischen und alles zum Wokrand schieben.

+ Das übrige Öl (½ EL) in den Wok geben und die Eiermasse darin leicht stocken lassen. Dann sofort mit dem Gemüsereis mischen und kurz weiterbraten. Alles mit Sojasauce, Sambal oelek, Limettensaft, Salz und Pfeffer würzen.

+ Zum Servieren die restlichen Sprossen unterheben und den Bratreis auf Teller verteilen. Die Cashewkerne grob hacken und mit den restlichen Frühlingszwiebeln auf das Wokgericht streuen.

GEFÜLLTE PAPRIKA MIT GRÜNKERN

Statt Hackfleisch kommt hier nussiger, gut bekömmlicher Grünkern in die Paprikaschoten: deftige Kraftpakete mit reichlich B-Vitaminen und Magnesium.

Für 2 Personen
Zubereitungszeit: 45 Minuten
Garen: 35–40 Minuten

1 Zwiebel
1 große Möhre (ca. 100 g)
1 EL kalt gepresstes Olivenöl
80 g geschroteter Grünkern
300 ml Gemüsebrühe
Salz, Pfeffer aus der Mühle
4 TL getrocknete italien. Kräuter
400 g stückige Tomaten (aus der Dose)
3 EL gehackte Petersilie
20 g geriebener Parmesan
1 Ei (Größe M)
2 EL Vollkornpaniermehl
je 1 rote und gelbe Paprikaschote

Nährwerte pro Portion: ca. 400 kcal, 17 g EW, 15 g F, 43 g KH, 12 g BST

+ Zwiebel schälen und fein würfeln. Möhre putzen, schälen und auf der Gemüsereibe raspeln. Die Zwiebel in einem Topf im Öl bei mittlerer Hitze andünsten. Grünkern und Möhre hinzufügen und 1 bis 2 Minuten mitdünsten. ¼ l Brühe angießen, mit Salz, Pfeffer und 3 TL Kräutern würzen. Alles mit geschlossenem Deckel aufkochen, dann bei milder Hitze etwa 20 Minuten garen. Den Grünkern auf der ausgeschalteten Herdplatte offen etwa 5 Minuten ausdampfen lassen, dann in einer Schüssel etwa 20 Minuten abkühlen lassen.

+ Inzwischen Tomaten und restliche Brühe in einem Topf mit übrigen Kräutern aufkochen und offen bei milder Hitze etwa 10 Minuten köcheln lassen. Salzen und pfeffern.

+ Backofen auf 180 °C vorheizen. Petersilie, Parmesan, Ei und Paniermehl zum Grünkern geben, kräftig salzen und pfeffern. Die Paprikaschoten längs halbieren, putzen, waschen und mit dem Grünkern-Mix füllen. Die Tomatensauce in einer Auflaufform (ca. 25 cm Durchmesser) verteilen und die gefüllten Paprikaschoten daraufsetzen. Im Ofen auf der mittleren Schiene 35 bis 40 Minuten garen. Paprikaschoten herausnehmen und vor dem Servieren kurz abkühlen lassen.

Die Ernährungs-Docs
Grünkern ist halb reifer, gerösteter und getrockneter Dinkel. Da er geerntet wird, wenn die Körner noch weich und saftig sind, ist er gut verträglich. Mit etwa 10 % Eiweiß gilt er zu Recht als hervorragende Proteinquelle. Grünkern liefert außerdem viele B-Vitamine, Magnesium und Phosphor für Gehirn und Nerven sowie blutbildendes Eisen – und Ballaststoffe!

HÄHNCHEN-ROSENKOHL-PFANNE

Winterlich würzig: Grüne Kohlköpfchen mit viel Vitamin C und A schmoren hier mit Hähnchenfilet, Pilzen und Zwiebeln zu einem würzigen Fitmacher-Liebling.

Für 2 Personen
Zubereitungszeit: 30 Minuten

300 g Hähnchenbrustfilet
350 g Rosenkohl
1 Zwiebel
100 g Champignons
2 EL raffiniertes Rapskernöl
Salz, Pfeffer aus der Mühle
1 TL Kümmel
150 ml glutenfreie Hühnerbrühe
2 EL Crème légère (15 % Fett)
½ TL Johannisbrotkernmehl
3 EL gehackte Petersilie

Nährwerte pro Portion: ca. 420 kcal, 49 g EW, 19 g F, 8 g KH, 8 g BST

+ Das Fleisch waschen, trocken tupfen und in etwa ½ cm dicke Scheiben schneiden. Rosenkohl putzen, äußere Blätter entfernen, Rosenkohl waschen und je nach Größe halbieren oder vierteln. Zwiebel schälen und fein würfeln. Pilze putzen, falls nötig, trocken abreiben, halbieren oder vierteln.

+ Das Fleisch in einer Pfanne im Öl bei starker Hitze etwa 4 Minuten rundum anbraten. Herausnehmen und beiseitestellen. Den Rosenkohl im Restöl bei mittlerer Hitze etwa 5 Minuten hell anbraten, mit Salz, Pfeffer und Kümmel würzen. Zwiebel und Pilze etwa 2 Minuten mitbraten.

+ Brühe und Crème légère dazugeben, alles unter Rühren erhitzen, salzen und pfeffern. Mit geschlossenem Deckel bei milder Hitze noch 8 bis 10 Minuten köcheln lassen. Das Johannisbrotkernmehl unter das Gemüse rühren und noch etwa 1 Minute köcheln lassen, bis die Sauce gebunden ist.

+ Das beiseitegestellte Fleisch wieder dazugeben und alles noch 1 bis 2 Minuten ziehen lassen. Zum Servieren die Hähnchen-Rosenkohl-Pfanne auf Tellern anrichten und mit der Petersilie bestreuen. Dazu passt Kartoffelstampf.

Die Ernährungs-Docs
Rosenkohl bringt Sie gut über den Winter, denn schon 100 Gramm decken den Vitamin-C-Tagesbedarf über Gebühr. Dazu kommen B-Vitamine, Folsäure, viel Vitamin K und ein hoher Ballaststoffgehalt für eine gute Verdauung. Wie andere Kohlsorten kann auch Rosenkohl schwer im Magen liegen – dagegen hilft etwas ganzer Kümmel, Fenchel- oder Anissamen.

SALBEISCHNITZELCHEN MIT KRAUT UND KÜRBISPÜREE

Leicht süßlich trifft feinsäuerlich. Was dabei herauskommt? Eine sonntagstaugliche Mahlzeit mit guten Ballaststoffen, plus Vitamin C – ideal für die kalte Jahreszeit!

Für 2 Personen
Zubereitungszeit: 45 Minuten

400 g Sauerkraut (aus dem Folienbeutel)
1 Zwiebel, 2 EL kalt gepresstes Olivenöl
1 Lorbeerblatt
5 schwarze Pfefferkörner
200 ml glutenfreie Gemüsebrühe
Salz, Pfeffer aus der Mühle
300 g Butternusskürbis
125 g Pastinaken
1 EL Butter
1 EL griech. Joghurt (10 % Fett)
2 dünne Putenschnitzel (à ca. 100 g)
4 große Blätter Salbei
4 kleine Holzspieße
2 EL gehackte Petersilie

Nährwerte pro Portion: ca. 320 kcal, 11 g EW, 22 g F, 15 g KH, 8 g BST

+ Das Sauerkraut in einem Sieb abtropfen lassen und gut ausdrücken. Zwiebel schälen, fein würfeln und in einem Topf in 1 EL Öl bei mittlerer Hitze andünsten. Sauerkraut 2 bis 3 Minuten unter Rühren mitdünsten. Lorbeer, Pfefferkörner und Brühe hinzufügen, salzen und pfeffern. Mit geschlossenem Deckel bei milder Hitze 15 bis 20 Minuten garen.

+ Inzwischen Kürbis schälen, entkernen und etwa 2 cm groß würfeln. Die Pastinaken putzen, schälen und würfeln. Beides in einem Topf in der Butter bei mittlerer Hitze etwa 5 Minuten andünsten. Salzen, knapp mit Wasser bedecken und mit geschlossenem Deckel 15 bis 20 Minuten garen. Abgießen, Joghurt dazugeben und alles im Topf mit dem Stabmixer fein pürieren. Salzen und pfeffern, warm halten.

+ Schnitzel waschen, trocken tupfen und quer halbieren. Salzen und pfeffern, mit je 1 Salbeiblatt belegen und zusammenklappen, mit einem Holzspieß fixieren. In einer beschichteten Pfanne im übrigen Öl auf jeder Seite etwa 3 Minuten braten. Mit Petersilie, Püree und Kraut anrichten.

Die Ernährungs-Docs
Sauerkraut ist fein geschnittener Weißkohl, der gestampft und auf natürliche Art vier bis sechs Wochen milchsauer vergoren wird. Dadurch ist er bereits gar und kann roh oder nur kurz erhitzt verzehrt werden. Langes Kochen sollten Sie besser vermeiden: Dabei geht viel von Vitamin C und darmgesunden Milchsäurebakterien verloren, die das Immunsystem stärken.

FRIKADELLEN MIT GEMÜSE VOM BLECH

Frikadellen aus dem Ofen? Warum nicht! Hier bereiten Sie das Gemüse auf einem Backblech zu und lassen die Frikadellen dann nach dem Anbraten einfach mitgaren.

Für 2 Personen
Zubereitungszeit: 1 Stunde

½ Vollkornbrötchen (ca. 50 g)
250 g mageres Rinderhackfleisch (z. B. Tatar)
1 Ei (Größe M), 150 g Joghurt (3,5 % Fett)
1 EL getrockneter Oregano
Salz, Pfeffer aus der Mühle
250 g kleine festkochende Kartoffeln (z. B. Drillinge)
300 g Blumenkohl
je 1 kleine rote und gelbe Paprikaschote
1 Zweig Rosmarin, 4 Zweige Thymian
5 EL raffiniertes Olivenöl
½–1 TL Chiliflocken
2 EL gehackte Petersilie

Nährwerte pro Portion: ca. 670 kcal, 42 g EW, 36 g F, 41 g KH, 9 g BST

+ Backofen auf 200 °C vorheizen. Brötchen in lauwarmem Wasser etwa 10 Minuten einweichen, dann gut ausdrücken. In einer Schüssel Hackfleisch, Ei, 2 TL Joghurt und zerzupftes Brötchen mit Oregano, Salz und Pfeffer gut verkneten.

+ Kartoffeln waschen und halbieren. Blumenkohl putzen, waschen und in Röschen teilen. Paprikas halbieren, putzen, waschen und etwa 2 cm groß schneiden. Rosmarin und Thymian waschen, trocken schütteln und samt Zweigen grob hacken. Kartoffeln, Gemüse, Rosmarin, Thymian, 3 EL Öl, Salz und Pfeffer mischen, auf einem Backblech verteilen. Im Ofen auf der mittleren Schiene etwa 15 Minuten garen.

+ Inzwischen aus der Hackmasse 8 Frikadellen formen und in einer Pfanne im übrigen Öl bei starker Hitze auf jeder Seite 1 bis 2 Minuten anbraten. Dann mit auf das Blech legen, alles im Ofen noch 15 bis 20 Minuten garen. Den übrigen Joghurt mit Salz und Chiliflocken würzen. Frikadellen und Gemüse aus dem Ofen nehmen, auf Teller setzen und mit der Petersilie bestreuen, den Joghurtdip dazu reichen.

Die Ernährungs-Docs
Kartoffeln haben keinen guten Ruf, da ihre beliebtesten Zubereitungsarten wie Bratkartoffeln, Pommes frites oder Chips recht fettreich sind. Wenn man die Knollen aber in der Schale gart und als kleines Ofengericht auf den Teller bringt, sind sie figurfreundlich und gesund. Und Kartoffeln liefern unter anderem hochwertiges Eiweiß und Ballaststoffe, die lange satt machen.

TOMATENSAUCEN

Ob würziger Sugo, pikantes Relish oder Ketchup: Erntefrische Aroma-Tomaten sind ideal zum Einmachen. Mit diesen hausgemachten Saucen in der Speisekammer bringen Sie geschmacklich das gewisse Etwas auf den Teller und verwöhnen Ihre Lieben aufs Beste – garantiert ohne Zucker, Zusatz- und Konservierungsstoffe!

TOMATENKETCHUP

Für 2 Flaschen (à ca. 1/4 l Inhalt; 8 Personen): **700 g reife Tomaten** waschen und würfeln. **300 g Rote Beten** schälen und grob raspeln (Einweghandschuhe tragen!). **2 rote Zwiebeln, 25 g Ingwer** und **2 Knoblauchzehen** schälen und würfeln. **1 rote Peperoni** waschen und samt Kernen in Ringe schneiden. **1 Gewürznelke sowie je 1 TL Fenchel- und Koriandersamen** im Mörser grob zerstoßen, mit dem Gemüse in einen Topf geben, **salzen** und **pfeffern. 125 ml Rotweinessig** und **40 g Zuckerrübensirup** dazugeben. Alles aufkochen und offen bei milder Hitze 30 bis 40 Minuten dick einkochen. Dann im Topf mit dem Stabmixer pürieren, durch ein feines Sieb streichen und offen bei starker Hitze etwa 10 Minuten einkochen.
In sterile Flaschen füllen und verschließen. Das Ketchup hält sich im Kühlschrank etwa 3 Monate. Schmeckt zu Fleisch, Gegrilltem und Kartoffeln.

Nährwerte pro Portion:
ca. 60 kcal, 2 g EW, 0 g F, 10 g KH, 2 g BST

TOMATENRELISH

Für 1 Glas (ca. 400 ml Inhalt; 4 Personen): **500 g Tomaten** kreuzweise einritzen, überbrühen, kalt abschrecken, häuten und würfeln, Stielansätze und Kerne entfernen. **2 Schalotten** und **1 Knoblauchzehe** schälen, fein würfeln. **1 rote Chilischote** waschen, samt Kernen würfeln. **50 g getrocknete Aprikosen** klein würfeln, **Blätter von 4 Zweigen Thymian** hacken. Schalotten und Knoblauch in einem Topf in **1 EL kalt gepresstem Olivenöl** bei mittlerer Hitze dünsten. Chili, Aprikosen, **3 EL Weißweinessig** und **50 ml Wasser** dazugeben, alles etwa 2 Minuten auf die Hälfte einkochen. Tomaten hinzufügen, mit **Salz, Pfeffer,** Thymian und **1/2 TL Senfpulver** würzen. Offen etwa 10 Minuten einkochen. Relish in ein steriles Twist-off-Glas füllen, abkühlen lassen und im Kühlschrank aufbewahren. Es ist etwa 3 Wochen haltbar und passt zu Käse, kurz gebratenem Geflügel und Brot.

Nährwerte pro Portion:
ca. 90 kcal, 2 g EW, 3 g F, 10 g KH, 4 g BST

TOMATENSUGO

Für 2 Gläser (à ca. 300 ml Inhalt; 8 Personen): **1 kg Tomaten** waschen und grob schneiden. **2 Zwiebeln** und **2 Knoblauchzehen** schälen und klein würfeln. **1 Stange Staudensellerie** putzen, **1 Möhre** schälen und beides klein würfeln. **2 EL kalt gepresstes Olivenöl** in einem Topf erhitzen, Zwiebeln, Knoblauch, Sellerie und Möhre darin bei mittlerer Hitze etwa 3 Minuten dünsten. Tomaten, **1 EL gehackten Oregano** und **1 TL Salz** dazugeben, aufkochen und offen bei mittlerer Hitze 35 bis 40 Minuten einkochen, dabei ab und zu umrühren. Mit Salz und **Pfeffer** würzen, durch ein Sieb passieren und in sterile Twist-off-Gläser füllen (nach Belieben einfrieren). Der Sugo hält sich im Kühlschrank 2 bis 3 Wochen und passt zu Pasta, Reis, Bulgur & Co.

Nährwerte pro Portion: ca. 60 kcal, 2 g EW, 3 g F, 5 g KH, 2 g BST

QUINOA-BOWL MIT LACHS

Quinoa bildet die Basis für diese hübsch arrangierte Schüssel mit geräuchertem Lachs, Spargel, Radieschen, Avocado und Spinat. Das i-Tüpfelchen ist der Joghurtdip.

Für 2 Personen
Zubereitungszeit: 35 Minuten

75 g Quinoa
200 ml glutenfreie Gemüsebrühe
2 ½ EL Zitronensaft
2 TL Hanföl
Salz, Pfeffer aus der Mühle
200 g grüner Spargel
6 Radieschen
1 kleine Avocado
30 g junger Spinat
65 g Kichererbsen (aus der Dose)
125 g Stremellachs (mit Haut)
100 g griech. Joghurt (5 % Fett)
1 EL helles Tahin (Sesampaste)

Nährwerte pro Portion: ca. 560 kcal, 24 g EW, 32 g F, 38 g KH, 10 g BST

+ Die Quinoa in einem Sieb abbrausen und mit der Brühe in einem Topf aufkochen. Mit geschlossenem Deckel bei mittlerer Hitze etwa 10 Minuten garen, dann bei ausgeschaltetem Herd offen etwa 10 Minuten abkühlen lassen. Mit 1 EL Zitronensaft und Öl verrühren, salzen und pfeffern.

+ Inzwischen Spargel waschen, im unteren Drittel schälen und holzige Enden abschneiden. Spargel quer halbieren, dicke Stangen längs halbieren. Spargel in kochendem Salzwasser 3 bis 4 Minuten bissfest garen. In ein Sieb abgießen, kalt abschrecken und abtropfen lassen. Radieschen putzen, waschen und in dünne Scheiben schneiden. Die Avocado halbieren und entsteinen, die Hälften schälen und quer in dünne Spalten schneiden. Sofort mit 1 EL Zitronensaft beträufeln. Spinat verlesen, waschen und trocken schleudern. Kichererbsen in einem Sieb abbrausen und abtropfen lassen. Lachs häuten und mit einer Gabel in Stücke zupfen.

+ Joghurt mit Tahin und übrigem Zitronensaft glatt rühren, salzen und pfeffern. Quinoa auf Schalen (Bowls) verteilen. Spargel, Radieschen, Avocado, Spinat, Kichererbsen und Lachs darauf anrichten und den Joghurtdip daraufsetzen.

Die Ernährungs-Docs
Quinoa hat vieles gemeinsam mit echtem Getreide, gehört aber zu den Pseudogetreidearten. Die kleinen Körner sind glutenfrei und mit etwa 15 Gramm Eiweiß pro 100 Gramm eine wertvolle Eiweißquelle. In den Körnchen stecken alle acht essenziellen Aminosäuren, insbesondere Lysin. Diese lebenswichtige Aminosäure dient als Baustein für Muskeln und Bindegewebe.

SPITZKOHL-GARNELEN-PFANNE

Urlaubsreif? Dann machen Sie einen Kurztrip nach Griechenland mit einem schnellen Mittag- oder Abendessen, das Sie dank Garnelen und Feta mit Eiweißpower versorgt.

Für 2 Personen
Zubereitungszeit: 25 Minuten

200 g rohe geschälte Garnelen (frisch oder tiefgekühlt und aufgetaut)
250 g Spitzkohl
4 Frühlingszwiebeln
2 Knoblauchzehen
1 rote Peperoni (ca. 10 cm)
6 Zweige Thymian
2 EL kalt gepresstes Olivenöl
Salz, Pfeffer aus der Mühle
¼ l passierte Tomaten (aus der Dose)
80 g Feta (Schafskäse; Halbfettstufe)
5 Stiele Petersilie

Nährwerte pro Portion: ca. 320 kcal, 25 g EW, 16 g F, 14 g KH, 7 g BST

+ Die Garnelen waschen und trocken tupfen. Den Kohl putzen, den harten Strunk entfernen und die Blätter in etwa 2 cm große Stücke schneiden. Die Frühlingszwiebeln putzen, waschen und in etwa 3 cm lange Stücke schneiden. Knoblauch schälen und fein würfeln. Peperoni waschen und samt Kernen in dünne Ringe schneiden. Thymian waschen und trocken schütteln, die Blätter abzupfen und hacken.

+ Die Garnelen in einer beschichteten Pfanne in 1 EL Öl bei mittlerer Hitze etwa 2 Minuten unter Rühren anbraten. Herausnehmen, salzen und pfeffern, beiseitestellen. Übriges Öl in der Pfanne erhitzen und Spitzkohl, Frühlingszwiebeln, Knoblauch, Peperoni und Thymian darin bei mittlerer Hitze etwa 2 Minuten braten. Tomatenpüree und 100 ml Wasser untermischen. Dann alles mit geschlossenem Deckel bei milder Hitze noch etwa 5 Minuten garen.

+ Inzwischen den Feta zerbröseln. Die Petersilie waschen, trocken schütteln und die Blätter abzupfen. Die Garnelen unter das Gemüse heben, alles mit Salz und Pfeffer würzen. Zum Servieren auf Teller verteilen und mit Feta und Petersilie bestreuen. Dazu passt Vollkornbaguette oder Naturreis.

Die Ernährungs-Docs
Im Frühjahr und Sommer hat der zarte Spitzkohl Saison: Er ist bekömmlicher als anderer Kohl und dank seiner „inneren" Werte sehr gesund. Eine gegarte Portion deckt bereits den Tagesbedarf an Vitamin C. Dazu liefert er entwässerndes Kalium, die Anti-Stress-Vitamine B_1 und B_2 sowie Folsäure und Betacarotin, die auch die Zellerneuerung regulieren.

LACHS AUF BROKKOLI-KOHL-GEMÜSE

Unser Lieblingsfisch versteht sich bestens mit knackigem Gemüse und verwöhnt uns mit einer guten Portion Omega-3-Fettsäuren – wichtig für Herz, Gehirn und Gefäße.

Für 2 Personen
Zubereitungszeit: 35 Minuten
Garen: 20–27 Minuten

4 EL kalt gepresstes Olivenöl
300 g Brokkoli
200 g junger Weißkohl
1 große Möhre (ca. 100 g)
200 g kleine festkochende Kartoffeln (z. B. Drillinge)
1 Knoblauchzehe
1 EL geschälte Mandeln
Salz, Pfeffer aus der Mühle
2 Lachsfilets (à ca. 160 g; ohne Haut)
1 TL Piment d'Espelette (ersatzweise rosenscharfes Paprikapulver)
4 Bio-Zitronenspalten

Nährwerte pro Portion: ca. 650 kcal, 40 g EW, 41 g F, 26 g KH, 9 g BST

+ Den Backofen auf 200 °C vorheizen. Eine Auflaufform (ca. 20 x 30 cm) mit 1 EL Öl einfetten und im Ofen auf der mittleren Schiene mit vorheizen.

+ Inzwischen den Brokkoli putzen, waschen und in Röschen teilen, die Stiele schälen und etwa 1 cm groß würfeln. Kohl putzen, den harten Strunk entfernen und die Blätter in feine Streifen schneiden. Möhre putzen, schälen und in Stifte schneiden. Kartoffeln waschen, trocken tupfen und auf der Gemüsereibe dünn hobeln. Knoblauch schälen und in Scheiben schneiden, dann mit Gemüse, Mandeln, 2 EL Öl, Salz und Pfeffer mischen. Den Mix in die heiße Form geben und im Ofen 10 bis 12 Minuten garen.

+ Inzwischen den Lachs waschen, trocken tupfen, mit Salz und Piment d'Espelette würzen. Nach etwa 12 Minuten Garzeit auf das Ofengemüse legen, alles mit dem übrigen Öl beträufeln und im Ofen noch 10 bis 15 Minuten garen. Zum Servieren Gemüse und Lachs aus dem Ofen nehmen, auf Teller verteilen und mit den Zitronenspalten garnieren.

Die Ernährungs-Docs
Lachs liefert gesunde Fette wie die mehrfach ungesättigten Omega-3-Fettsäuren. Dazu zählen die Eicosapentaensäure (EPA) und die Docosahexaensäure (DHA), die beim Lachs etwa 10 % des Fettanteils ausmachen. Sie sollen ungünstige Blutfette senken und günstige anheben, gegen hohen Blutdruck wirken und die Fließeigenschaft des Bluts verbessern.

SÜSSES

Wer mag schon auf Süßes verzichten? Zum Glück müssen Sie das auch gar nicht! Schoko-Mandel-Creme, Bananenmuffins und Quarkauflauf kommen ohne weißen Zucker und Weißmehl aus und setzen auf natürliche Süßungsmittel wie Dicksaft, Honig, viel Obst & Co. Und wenn Sie im Nachmittagstief stecken, sorgen Kirschmüsliriegel und fruchtige Energiebällchen schnell für neue Power. Also: alle Naschkatzen, bitte zugreifen!

KÄSEKUCHENDESSERT MIT HIMBEEREN

Geröstete Nussflocken als Unterlage, sahnige Quarkcreme und frische Himbeeren on top: Diese „Schichtarbeit“ ist schnell erledigt und macht reuelos glücklich.

Für 2 Personen
Zubereitungszeit: 20 Minuten

20 g Mandeln
20 g ungesalzene Pistazienkerne
20 g Haselnusskerne
½ EL natives Kokosöl
2 EL kernige glutenfreie Haferflocken
1 EL Apfel- oder Birnendicksaft
150 g Magerquark
100 g griech. Joghurt (5 % Fett)
¼ TL gemahlene Vanille
200 g Himbeeren (frisch oder tiefgekühlt und aufgetaut)

Nährwerte pro Portion: ca. 450 kcal, 20 g EW, 27 g F, 25 g KH, 9 g BST

+ Die Mandeln, Pistazien und Haselnüsse grob hacken. Das Öl in einer Pfanne zerlassen und Mandeln, Nüsse und Haferflocken darin bei mittlerer Hitze unter Wenden 3 bis 4 Minuten hell anrösten. Anschließend vom Herd nehmen, den Dicksaft dazugeben und gut untermischen. 1 EL Nuss-Flocken-Mischung zum Garnieren beiseitestellen, den Rest auf Dessertgläser oder -schalen verteilen, leicht andrücken und bei Zimmertemperatur abkühlen lassen.

+ Den Quark mit Joghurt und Vanille glatt rühren, auf die Nuss-Flocken-Mischung in die Gläser geben.

+ Frische Himbeeren verlesen, waschen und trocken tupfen. Die Hälfte der Himbeeren mit einer Gabel fein zerdrücken oder in einem hohen Rührbecher mit dem Stabmixer pürieren. Die übrigen Himbeeren unter das Püree mischen, alles auf der Quarkcreme verteilen. Zum Servieren mit der beiseitegestellten Nuss-Flocken-Mischung bestreuen.

Die Ernährungs-Docs
Wer täglich 1 Handvoll (etwa 20 Gramm) Nüsse beziehungsweise Mandeln isst, liefert dem Körper reichlich Ballaststoffe und gesunde ungesättigte Fettsäuren, die Herz und Gefäße schützen. Und er überwindet den Heißhunger leichter. Denn die kleinen „Kraftpakete“ sättigen nachweislich anhaltend, sodass man automatisch weniger Gelüste auf Süßigkeiten hat.

MELONENSALAT MIT LIMETTEN-MANDEL-ZABAIONE

Saftig und sommerlich: Kühle Melone und Beeren mit lauwarmer Eierschaumcreme. Das muss man einfach lieben, denn es beeinflusst den Blutzuckerspiegel kaum.

Für 2 Personen
Zubereitungszeit: 20 Minuten
Marinieren: 20 Minuten

500 g Wassermelone
100 g Blaubeeren
4 Blätter Minze
1 ½ EL Limettensaft
2 sehr (!) frische Eigelb (Größe M)
40 g Yacon-Sirup
(Bioladen oder Online-Handel)
5 EL ungesüßter Mandeldrink
½ TL abgeriebene Bio-Limettenschale
Zimtpulver
1 EL ungesalzene Pistazienkerne

Nährwerte pro Portion: ca. 220 kcal, 6 g EW, 16 g F, 21 g KH, 3 g BST

+ Die Melone schälen und entkernen, das Fruchtfleisch mit einem Melonenausstecher als Kugeln abstechen oder in etwa 1 cm große Würfel schneiden. Die Blaubeeren verlesen, waschen und trocken tupfen. Die Minzeblätter waschen, trocken tupfen und in feine Streifen schneiden. Erst mit 1 EL Limettensaft vermengen, dann vorsichtig mit Melonenkugeln oder -würfeln und Blaubeeren mischen und alles im Kühlschrank etwa 20 Minuten ziehen lassen.

+ Inzwischen die Eigelbe mit dem Sirup in einer Metallschüssel mit den Quirlen des Handrührgeräts schaumig schlagen. Dann Mandeldrink, Limettenschale und 1 Prise Zimt hinzufügen und die Creme über dem heißen Wasserbad so lange aufschlagen, bis die Masse dickschaumig ist und sich das Volumen verdoppelt hat. Mit dem übrigen Limettensaft und Zimt abschmecken.

+ Zum Servieren die Pistazien hacken. Den Melonensalat auf Dessertgläser oder -schalen verteilen und mit der Zabaione überziehen. Mit den Pistazien bestreuen.

Die Ernährungs-Docs
Yacon-Sirup ist ein beliebtes Süßungsmittel aus Südamerika, das aus einer Wurzel gewonnen wird. Es hat einen sehr niedrigen glykämischen Index und lässt den Blutzuckerspiegel nur langsam ansteigen. Das liegt an seiner hohen Konzentration an Fructooligosacchariden (FOS), die im Darm – ähnlich wie der ebenfalls enthaltene Ballaststoff Inulin – nicht verdaut werden.

AVOCADO-SCHOKO-CREME MIT ERDBEEREN

Sie werden schon beim Anblick schwach? Also, schnell zugreifen! Die „Mousse au Chocolat" ist ein Fitmacher mit wertvollen Fettsäuren und reichlich Vitamin C.

Für 2 Personen
Zubereitungszeit: 20 Minuten
Kühlen: 30 Minuten

2 EL geschälte Mandeln
1 reife Avocado
1 ½ EL Vollrohrzucker (Mascobado)
2 EL Kakaopulver (schwach entölt)
75 ml ungesüßter Mandeldrink
20 g laktosefreie Bitterschokolade (mind. 70 % Kakaoanteil)
250 g Erdbeeren
½ TL gemahlene Vanille

Nährwerte pro Portion: ca. 350 kcal, 8 g EW, 20 g F, 27 g KH, 11 g BST

+ Die Mandeln hacken und in einer kleinen Pfanne ohne Fett bei mittlerer Hitze hell anrösten. Herausnehmen und auf einem Teller abkühlen lassen.

+ Die Avocado halbieren und den Stein entfernen, die Avocadohälften schälen und grob würfeln. Mit Zucker, Kakao und 1 EL gehackten Mandeln in einen hohen Rührbecher geben. Den Mandeldrink dazugießen und alles mit dem Stabmixer sehr fein pürieren.

+ Die Schokolade fein hacken und ebenfalls unter die Creme rühren. Die Creme in Dessertgläser oder -schalen füllen und mindestens 30 Minuten kühl stellen.

+ Inzwischen die Erdbeeren waschen, putzen und vierteln. Mit der Vanille vorsichtig mischen und ziehen lassen. Zum Servieren die Vanilleerdbeeren auf der Creme anrichten und mit den restlichen Mandeln bestreuen.

Die Ernährungs-Docs
Bei Schokolade sollten Sie zu einer dunklen, bitteren Variante mit einem Kakaoanteil von mindestens 70 % greifen. Denn im Kakao stecken reichlich Antioxidantien, sogenannte Flavonoide, die die Gefäße elastisch halten und den Blutdruck senken. Das verlangsamt den Alterungsprozess und beugt Herzerkrankungen vor. Ein echter Glücksgriff für Leckermäulchen, sofern man die Schokolade nur in Maßen verzehrt! Wer Laktose schlecht verträgt, nimmt am besten ein laktosefreies Produkt.

KOKOS-COTTA MIT OBSTSALAT

Cremige Kokosmilch und Herbstfrüchte, vereint in einem Dessert, das schnell fertig ist und superfit macht. In doppelter, dreifacher Menge toll für Familienfeste und Gäste!

Für 2 Förmchen (à ca. 150 ml Inhalt)
Zubereitungszeit: 30 Minuten
Kühlen: 3 Stunden

¼ l Kokosmilch
½ TL Agar-Agar (4 g)
2 TL Kokosblütenzucker
½ Bio-Limette
2 EL Orangensaft
(am besten Direktsaft)
1 kleine Birne
80 g kernlose grüne Weintrauben
2 kleine blaue Feigen
20 g Walnusskerne
2 Minzespitzen zum Garnieren

Nährwerte pro Portion: ca. 490 kcal, 7 g EW, 38 g F, 3 g KH, 6 g BST

+ Die Kokosmilch mit dem Agar-Agar und dem Kokosblütenzucker in einem kleinen Topf verrühren. Alles unter Rühren einmal aufkochen, dann bei milder Hitze noch 2 bis 3 Minuten köcheln lassen.

+ Inzwischen die Limette heiß waschen, abtrocknen und die Schale fein abreiben. Die Limette auspressen. Limettenschale und 1 EL Limettensaft in die Kokoscreme rühren. Die Förmchen kalt ausspülen, die Kokoscreme darin verteilen und mindestens 3 Stunden kühl stellen.

+ Inzwischen Orangensaft und übrigen Limettensaft verrühren. Die Birne waschen, vierteln, entkernen und in dünne Spalten schneiden. Die Trauben waschen, abzupfen und halbieren. Die Feigen waschen und achteln, dabei die Stielansätze entfernen. Die Nüsse grob hacken. Früchte und Nüsse in der Zitrussaftmischung marinieren.

+ Zum Servieren Minze waschen und trocken schütteln. Die Förmchen kurz in heißes Wasser tauchen, den Rand der Creme mit einem Messer lösen und die Kokos-Cotta auf kleine Teller stürzen. Mit Früchten und Minze garnieren.

Die Ernährungs-Docs
Selbst in der fettreduzierten Variante ist cremige Kokosmilch ziemlich gehaltvoll. Damit eignet sie sich als zuckerfreie Nascherei für Desserts. Ihr Fettgehalt von mindestens 10 % sorgt für gute Sättigung und reduziert Süßhunger. Allerdings besteht ihr Fettanteil nur aus den weniger günstigen gesättigten Fettsäuren – daher Kokosmilch bitte nur sparsam verwenden!

ROTE GRÜTZE MIT VANILLESAUCE

Dieser Dessertklassiker ist topgesund und beerenlecker: Denn in den Früchtchen steckt wenig Fruchtzucker, aber viel Vitamin C sowie Eisen und Kalium.

Für 4 Personen
Zubereitungszeit: 30 Minuten
Kühlen: 1 Stunde 30 Minuten

200 g Kochsahne (15 % Fett)
200 ml Milch (1,5 % Fett)
1 TL Johannisbrotkernmehl
1 Vanilleschote
600 g tiefgekühlte Beerenmischung
1 Bio-Orange
2 EL Reissirup

Nährwerte pro Portion: ca. 190 kcal, 5 g EW, 8 g F, 20 g KH, 4 g BST

+ Für die Vanillesauce Sahne und Milch mit dem Johannisbrotkernmehl in einem kleinen Topf verrühren. Die Vanilleschote längs aufschneiden und das Mark mit einem spitzen Messer herauskratzen. Mark und ausgekratzte Schote zur Sahne-Milch-Mischung geben, alles einmal aufkochen, dann 1 bis 2 Minuten köcheln lassen, bis die Sauce leicht andickt. Vom Herd nehmen und abkühlen lassen.

+ Für die Grütze die tiefgekühlten Beeren antauen lassen. Die Orange heiß waschen, abtrocknen und 2 TL Schale fein abreiben. Die Orange halbieren und den Saft (ca. 125 ml) auspressen. Orangenschale und -saft mit Reissirup und 200 g Beeren-Mix in einem Topf einmal aufkochen, dann bei milder Hitze noch etwa 10 Minuten köcheln lassen.

+ Die Grütze vom Herd nehmen und im Topf mit dem Stabmixer fein pürieren. Die übrigen Beeren untermischen und die Grütze etwa 30 Minuten abkühlen lassen. Anschließend im Kühlschrank noch mindestens 1 Stunde durchziehen lassen. Zum Servieren die Grütze auf Schalen verteilen und mit der Vanillesauce servieren (Schote vorher entfernen!).

Die Ernährungs-Docs
Reissirup wird aus Reismehl gewonnen und enthält Mineralstoffe wie Kalium, Eisen und Magnesium. Dank seines hohen Anteils an Mehrfachzuckern – diese muss der Körper erst in Einfachzucker umwandeln – steigt der Blutzuckerspiegel langsam und dämpft den Süßhunger. Reissirup süßt weniger stark als weißer Zucker und schmeckt leicht nussig-malzig. Wichtig: Auf die Zutatenliste achten, denn einige Produkte sind mit Haushaltszucker „gestreckt".

BLAUBEER-ORANGEN-KALTSCHALE

Blaubeeren satt mit Vanille und wenig Zucker, kombiniert mit cremiger Dickmilch: Das hat nichts mit Verzicht zu tun, vielmehr mit purem Genuss!

Für 2 Personen
Zubereitungszeit: 40 Minuten
Kühlen: 2 Stunden 30 Minuten

200 g Blaubeeren (frisch oder tiefgekühlt)
½ Bio-Orange
½ Vanilleschote
2 TL Reissirup
1 TL Johannisbrotkernmehl
1 EL Mandelblättchen
2 EL Dickmilch (3,5 % Fett)

Nährwerte pro Portion: ca. 120 kcal, 3 g EW, 4 g F, 15 g KH, 7 g BST

+ Die Blaubeeren verlesen, waschen und trocken tupfen (tiefgekühlte Beeren rechtzeitig auftauen lassen). Die Orange heiß waschen, abtrocknen und 1 TL Schale fein abreiben. Den Saft auspressen. Die Vanilleschote längs aufschneiden und das Mark mit einem spitzen Messer herauskratzen.

+ In einem Topf 150 g Blaubeeren, Orangenschale und -saft, Vanillemark und -schote mit 150 ml Wasser und dem Reissirup einmal aufkochen, dann mit geschlossenem Deckel bei milder Hitze etwa 10 Minuten köcheln lassen.

+ Alles durch ein Sieb streichen und wieder in den Topf geben, dabei Kerne und Schalen entfernen. Das Johannisbrotkernmehl unter die Suppe rühren, alles erneut aufkochen und kurz so lange köcheln lassen, bis die Suppe leicht bindet. Anschließend die Suppe vom Herd nehmen und etwa 30 Minuten abkühlen lassen.

+ Anschließend die übrigen Beeren dazugeben und die Suppe mit geschlossenem Deckel mindestens 2 Stunden kühl durchziehen lassen. Inzwischen die Mandeln in einer kleinen Pfanne ohne Fett bei mittlerer Hitze hell anrösten. Herausnehmen und auf einem Teller abkühlen lassen.

+ Zum Servieren die Kaltschalte in tiefen Tellern anrichten. Jeweils 1 EL Dickmilch in die Mitte setzen und sternförmig verteilen. Zuletzt mit den Mandelblättchen garnieren.

EIS UND SORBETS

Cool-down: Diese eisigen Desserts können Sie entspannt vorbereiten. Fruchtig, leicht exotisch, mit Möhren oder Minze überraschend kombiniert: Schon nach dem ersten Löffel werden Sie dahinschmelzen. Und das ganz ohne schlechtes Gewissen ...

HIMBEER-BANANEN-EIS

Für 4 Personen: **2 Bananen** schälen, schräg in etwa 2 cm dicke Scheiben schneiden und nebeneinander in einen Gefrierbeutel geben. Verschließen und etwa 4 Stunden tiefkühlen. **500 g tiefgekühlte Himbeeren** und gefrorene Bananen etwa 5 Minuten antauen lassen, mit **100 g Magerquark** im Mixer oder mit dem Stabmixer so lange pürieren, bis eine cremige Eismasse entstanden ist. Am besten sofort in eisgekühlten kleinen Schalen servieren und mit **50 g frischen Himbeeren** garnieren.

Nährwerte pro Portion:
ca. 130 kcal, 6 g EW, 1 g F, 18 g KH, 8 g BST

AVOCADO-MINZE-EIS

Für 4 Personen: Das Fruchtfleisch von **2 reifen Avocados** (ca. 300 g) mit **5 g gewaschenen Minzeblättern, 2 EL Limettensaft, 1 TL abgeriebener Bio-Limettenschale** und **2 EL Reissirup** im Mixer glatt pürieren. **200 g ungesüßte Mandel Cuisine** (Sahneersatz; aus dem Bioladen) unterrühren. Die Masse in der Eismaschine etwa 30 Minuten gefrieren lassen oder in einer Schale etwa 4 Stunden ins Tiefkühlfach stellen, dabei stündlich mit einem Schneebesen kräftig durchrühren. Zum Servieren Kugeln abnehmen, mit **4 TL Kakao-Nibs** garnieren.

Nährwerte pro Portion:
ca. 180 kcal, 2 g EW, 14 g F, 8 g KH, 3 g BST

MÖHREN-ORANGEN-SORBET

Für 4 Personen: **400 g Möhren** und **40 g Ingwer** schälen und grob raspeln. Mit **2 EL Zitronensaft** und **300 ml Orangensaft** in einem Topf aufkochen, bei milder Hitze etwa 10 Minuten köcheln, dann vom Herd nehmen und abkühlen lassen. Alles mit **2 EL flüssigem Honig** mit dem Stabmixer fein pürieren. In der Eismaschine etwa 45 Minuten gefrieren lassen oder in einer Schale etwa 6 Stunden ins Tiefkühlfach stellen, dabei stündlich mit einem Schneebesen kräftig durchrühren. Sofort in Schalen servieren.

Nährwerte pro Portion:
ca. 100 kcal, 1 g EW, 0 g F, 21 g KH, 3 g BST

PAPAYA-KOKOS-EIS AM STIEL

Für 6 Stieleisformen (à ca. 50 ml Inhalt): **200 g reife Papaya** entkernen, schälen, würfeln, pürieren und kühl stellen. **160 ml ungesüßte Kokosmilch** mit **4 TL Lucuma-Pulver** (aus dem Bioladen), **Saft und abgeriebener Schale von 1 Bio-Limette** verrühren. Zwei Drittel davon auf die Formen verteilen, etwa 1 Stunde tiefkühlen. Dann übrige Kokosmasse daraufgeben und nochmals etwa 30 Minuten gefrieren. Zuletzt das Papayapüree auf die Kokosschicht füllen und mit den Eisstielen versehen. Das Eis am Stiel nochmals etwa 4 Stunden tiefkühlen.

Nährwerte pro Stück:
ca. 90 kcal, 1 g EW, 8 g F, 5 g KH, 1 g BST

KÜRBIS-WALNUSS-WAFFELN MIT GRANATAPFEL

Süße Waffeln mit mildem Gemüse: Bei diesem Rezept kommen Kürbisraspel und Walnüsse in den Teig, Zimt und Ingwer verleihen ihm eine feine exotische Note.

Für 6 Stück
Zubereitungszeit: 45 Minuten

200 g Butternusskürbis
200 ml ungesüßter Haselnussdrink
2 EL Apfel- oder Birnendicksaft
2 Eier (Größe M)
200 g Dinkelvollkornmehl
30 g gemahlene Walnüsse
1 ½ TL Weinsteinbackpulver
½ TL Backnatron
1 TL Zimtpulver
½ TL gemahlener Ingwer
2 EL raffiniertes Rapskernöl
200 g saure Sahne (10 % Fett)
½ TL gemahlene Vanille
1 Granatapfel

Nährwerte pro Stück: ca. 320 kcal, 9 g EW, 17 g F, 32 g KH, 4 g BST

+ Den Kürbis schälen und die Kerne mit einem Löffel entfernen, das Kürbisfleisch auf der Gemüsereibe fein raspeln. Mit Haselnussdrink, Dicksaft und Eiern im Mixer oder in einem hohen Rührbecher mit dem Stabmixer fein pürieren.

+ Backofen auf 80 °C vorheizen. Mehl, Nüsse, Backpulver, Natron, Zimt und Ingwer in einer Rührschüssel mischen. Den Kürbis nach und nach dazugeben. Alles mit den Quirlen des Handrührgeräts zu einem glatten Teig verrühren.

+ Das Waffeleisen auf mittlerer Stufe erhitzen und mit etwas Öl einfetten. Nacheinander 6 Waffeln je 4 bis 5 Minuten backen, dabei je 3 bis 4 EL Teig ins Waffeleisen geben. Fertige Waffeln auf einem Teller im Ofen warm halten.

+ Inzwischen die saure Sahne mit der Vanille verrühren und kühl stellen. Den Granatapfel halbieren, die Kerne in einem Sieb über einer Schüssel herauslösen, die weißen Häutchen entfernen. Zum Servieren die Waffeln mit dem Vanillesauerrahm und den Granatapfelkernen garnieren.

Die Ernährungs-Docs
Der würzige Apfeldicksaft und der milde Birnendicksaft werden durch Einkochen der Früchte gewonnen und sind relativ mineralstoffreich. Allerdings enthalten sie viel Fruchtzucker (etwa 60 %). Wer unter Fruktoseintoleranz oder -malabsorption leidet, sollte daher auf Dicksäfte lieber verzichten, weil sie zu Blähungen und Durchfall führen können.

MANDELKÜCHLEIN MIT BEEREN

Nussige Buchweizenküchlein mit Mandeln und Zimt vereinen sich mit Sommerbeeren: eine verführerische Kombi, die viele Vitamine, Mineral- und Ballaststoffe enthält.

Für 4 ofenfeste Förmchen (à ca. 150 ml Inhalt)
Zubereitungszeit: 45 Minuten
Backen: 25 Minuten

4 EL kalt gepresstes Rapskernöl
60 g Buchweizenmehl (aus dem Bioladen)
60 g gemahlene Mandeln
½ TL Weinsteinbackpulver
2 Eier (Größe M)
2 EL Vollrohrzucker (Mascobado)
¼ TL Zimtpulver
75 ml ungesüßter Mandeldrink
Salz
250 g Himbeeren
150 g Rote Johannisbeeren
2 EL Orangensaft (am besten Direktsaft)

Nährwerte pro Stück: ca. 340 kcal, 9 g EW, 21 g F, 23 g KH, 6 g BST

+ Den Backofen auf 190 °C vorheizen. Die Förmchen mit 1 EL Öl einfetten und mit wenig Buchweizenmehl ausstreuen. Das übrige Mehl mit Mandeln und Backpulver mischen. Die Eier trennen. Die Eigelbe mit Zucker, restlichem Öl und Zimt in einer Rührschüssel mit den Quirlen des Handrührgeräts etwa 5 Minuten cremig schlagen. Dann die Mandelmischung und den Mandeldrink untermischen.

+ Die Eiweiße mit 1 Prise Salz steif schlagen. Ein Drittel des Eischnees mit einem Schneebesen unter die Mandel-Eigelb-Masse rühren, den Rest mit einem Teigschaber vorsichtig unterheben. Den Teig in die Förmchen füllen und im Ofen auf der mittleren Schiene etwa 25 Minuten backen.

+ Inzwischen beide Beerensorten verlesen, waschen und trocken tupfen, die Johannisbeeren von den Rispen streifen. Die Beeren vorsichtig mit dem Orangensaft mischen.

+ Die Küchlein aus dem Ofen nehmen und auf einem Kuchengitter etwa 5 Minuten abkühlen lassen. Dann aus den Förmchen lösen und noch warm mit den marinierten Beeren anrichten. Dazu passt ein Topping aus Joghurt.

Die Ernährungs-Docs

Buchweizen ist nicht mit Weizen verwandt – er gehört zu den Pseudogetreiden. Das glutenfreie Mehl wird aus den geschälten Körnern gewonnen und ist eine gute Ballaststoffquelle. Außerdem liefert es rund 10 % wertvolles Eiweiß und besitzt eine hohe biologische Wertigkeit. Weitere gesunde Nährstoffe: Vitamin E, Kieselsäure, Eisen, Zink und Selen.

BANANEN-SCHOKO-MUFFINS

Extra Zucker? Braucht es hier nicht! Die fruchtige Süße aus Bananen und Bitterschokolade reicht für das köstlich-gesunde Naschvergnügen völlig aus.

Für 1 12er-Muffinblech
Zubereitungszeit: 30 Minuten
Backen: 20–25 Minuten

12 Muffin-Papierbackförmchen
50 g ungesalzene Erdnusskerne
30 g laktosefreie Bitterschokolade (mind. 70 % Kakaoanteil)
4 reife Bananen
2 TL Zitronensaft
125 ml ungesüßter Mandeldrink
80 ml kalt gepresstes Rapskernöl
150 g Dinkelvollkornmehl
150 g Dinkelmehl (Type 630)
3 TL Weinsteinbackpulver
Salz, 1 TL Zimtpulver
¼ TL gemahlener Kardamom
1 EL zarte Haferflocken

Nährwerte pro Stück: ca. 220 kcal, 5 g EW, 10 g F, 26 g KH, 3 g BST

+ Den Backofen auf 180 °C vorheizen. Die Mulden des Muffinblechs mit Papierförmchen auslegen.

+ Erdnüsse und Schokolade separat grob hacken. Die Bananen schälen, in grobe Stücke schneiden und mit Zitronensaft, Mandeldrink und Öl im Standmixer oder in einem hohen Rührbecher mit dem Stabmixer fein pürieren.

+ Beide Mehlsorten mit Backpulver, 1 Prise Salz, Zimt und Kardamom in einer Rührschüssel mischen. 40 g Erdnüsse und die Schokolade dazugeben. Das Bananenmus dazugießen und alles mit den Quirlen des Handrührgeräts gründlich verrühren.

+ Den Teig in die Mulden der Muffinform füllen. Mit den Haferflocken und den übrigen Erdnüssen bestreuen. Im Ofen auf der mittleren Schiene 20 bis 25 Minuten backen.

+ Die Muffins aus dem Ofen nehmen und auf einem Kuchengitter etwa 5 Minuten abkühlen lassen, dann aus den Mulden lösen und vollständig abkühlen lassen.

Die Ernährungs-Docs
Verwenden Sie lieber Weinsteinbackpulver als herkömmliches Backpulver! Denn anstelle von Phosphaten dient hier natürliche Weinsteinsäure, ein Salz aus der Wein- und Sektherstellung, als Säuerungsmittel. Phosphat ist zwar als Baustein für Knochen und Zähne und als Energiequelle wichtig – zu viel davon schadet jedoch dem Körper und kann zu Nierenschäden oder Osteoporose führen. Jede Menge Phosphat steckt übrigens in Cola und Schmelzkäse!

MUG CAKES MIT ROTER BETE

Vernaschen Sie die Tassenküchlein aus Mandelmehl, Kakao und Schmand mit gutem Gewissen. Ihrem Zuckerfrei-Prinzip bleiben Sie dabei garantiert treu!

Für 4 ofenfeste Tassen (à ca. 300 ml Inhalt)
Zubereitungszeit: 30 Minuten
Backen: 15 Minuten

4 EL kalt gepresstes Rapskernöl
1 kleine Rote Bete (ca. 150 g)
100 g entöltes Mandelmehl
30 g Kakaopulver (schwach entölt)
2 TL Weinsteinbackpulver
Salz
2 Eier (Größe M)
2 EL Lucuma-Pulver (aus dem Bioladen)
100 ml Milch (1,5 % Fett)
1 TL gemahlener Ingwer
100 g Schmand
½ TL Mohnsamen

Nährwerte pro Stück: 450 kcal, 15 g EW, 34 g F, 17 g KH, 8 g BST

+ Den Backofen auf 180 °C vorheizen. Die Tassen mit 1 EL Öl einfetten. Die Rote Bete putzen, schälen und fein raspeln (dabei am besten Einweghandschuhe tragen, da die Knollen stark abfärben). Die Rote-Bete-Raspel in einem Sieb mit einem Löffel ausdrücken, dabei den ablaufenden Saft (ca. 1 EL) auffangen und beiseitestellen. Mandelmehl, Kakao, Backpulver und 1 Prise Salz mischen.

+ Die Eier mit dem Lucuma-Pulver in einer Rührschüssel mit den Quirlen des Handrührgeräts hell aufschlagen. Dann Milch, übriges Öl und Ingwer untermischen. Zuletzt den Mandel-Mix und die Rote-Bete-Raspel unterrühren. Den Teig in die Tassen füllen und im Ofen auf der mittleren Schiene etwa 15 Minuten backen.

+ Die Mug Cakes herausnehmen und auf einem Kuchengitter etwa 20 Minuten lauwarm abkühlen lassen. Inzwischen den Schmand mit 1 EL aufgefangenem Rote-Bete-Saft verrühren. Zum Servieren die Mug Cakes jeweils mit 1 Klecks Rote-Bete-Schmand und Mohn garnieren.

Die Ernährungs-Docs

Backen mit Roter Bete statt Zucker geht prima, da die frischen Knollen leicht süßlich schmecken und dem Gebäck Saftigkeit und gesunde Inhaltsstoffe verleihen. Seinen Namen verdankt das Wintergemüse dem Farbstoff Betanin, der zu den sekundären Pflanzenstoffen (Flavonoiden) zählt. Diese fangen als Antioxidantien freie Radikale ab. Aromatisches Lucuma-Pulver, das aus einer gelben Frucht aus den südamerikanischen Anden hergestellt wird, unterstützt mit seiner fruchtigen Süße den milden Geschmack der roten Rübe.

MÖHREN-NUSS-KUCHEN

Am liebsten gleich noch ein Stück? Natürlich, gerne! Denn in dem saftigen Low-Carb-Kuchen stecken Möhren und Nüsse, aber kaum Mehl und Zucker.

Für 1 Kastenform (ca. 25 cm; 18 Scheiben)
Zubereitungszeit: 30 Minuten
Backen: 50–55 Minuten
Abkühlen: 1 Stunde

200 g Möhren
100 g weiche Butter
50 g Vollrohrzucker (Mascobado)
je ½ TL Zimtpulver und gemahlene Vanille
1 Msp. gemahlene Gewürznelken, Salz
6 Eier (Größe M)
200 g gemahlene Haselnüsse
100 g gehackte Haselnüsse
100 g Dinkelvollkornmehl
4 TL Weinsteinbackpulver
100 g saure Sahne (10 % Fett)
50 g Bitterschokolade
(mind. 70 % Kakaoanteil)
20 g Haselnussblättchen

Nährwerte pro Scheibe: ca. 240 kcal, 7 g EW, 19 g F, 10 g KH, 3 g BST

+ Den Backofen auf 180 °C vorheizen. Die Form mit Backpapier auslegen. Möhren putzen, schälen und auf der Gemüsereibe fein raspeln, auf Küchenpapier abtropfen lassen.

+ In einer Rührschüssel weiche Butter, Zucker, Gewürze und 1 Prise Salz mit den Quirlen des Handrührgeräts etwa 5 Minuten cremig rühren. Die Eier einzeln dazugeben und je etwa ½ Minute gut unterrühren. Gemahlene und gehackte Nüsse mit Mehl und Backpulver mischen und abwechselnd mit saurer Sahne und Möhrenraspeln unterrühren.

+ Den Teig in die Form füllen, glatt streichen und im Ofen auf der mittleren Schiene 50 bis 55 Minuten backen (Stäbchenprobe siehe Seite 50!). Herausnehmen und etwa 10 Minuten abkühlen lassen, dann mithilfe des Backpapiers vorsichtig auf ein Kuchengitter stürzen. Das Backpapier abziehen und den Kuchen etwa 1 Stunde abkühlen lassen.

+ Zum Garnieren die Schokolade hacken und in einer Metallschüssel über dem heißen Wasserbad unter Rühren schmelzen. Den Kuchen damit beträufeln, mit den Haselnussblättchen bestreuen und fest werden lassen.

Die Ernährungs-Docs
Vollrohrzucker oder Mascobado ist schonend getrockneter, gestoßener Zuckerrohrsaft – unraffiniert und ausgesprochen nährstoffreich: Er enthält ähnlich viele Mineralstoffe wie Zuckerrübensirup und dazu B-Vitamine – wie Vitamin B_1, das für den Abbau von Kohlenhydraten wichtig ist. Achtung: Vollrohrzucker nicht mit Rohrohrzucker verwechseln, der ist raffiniert!

KÜRBISTARTE

Ein echtes Goldstück für Ihre Kaffeetafel: Auf dem mürben Quarkboden macht das cremige, leicht süßliche Kürbispüree eine unwiderstehlich gute Figur.

Für 1 Tarteform
(ca. 26 cm Durchmesser; 12 Stücke)
Zubereitungszeit: 45 Minuten
Backen: 1 Stunde 10–15 Minuten

Rapskernöl für die Form
500 g Muskatkürbis
200 g Magerquark
3 EL kalt gepresstes Rapskernöl
60 g Zuckerrübensirup
2 Eier (Größe M)
175 g Dinkelvollkornmehl
2 TL Weinsteinbackpulver
Salz
Mehl zum Arbeiten
75 g Kochsahne (15 % Fett)
1 TL Zimtpulver
½ TL gemahlener Ingwer
¼ TL frisch geriebene Muskatnuss

Nährwerte pro Stück: ca. 150 kcal, 6 g EW, 6 g F, 16 g KH, 2 g BST

I Den Backofen auf 190 °C vorheizen. Die Form einfetten. Den Kürbis entkernen, in etwa 2 cm breite Spalten schneiden und auf einem Backblech im Ofen auf der mittleren Schiene 35 bis 40 Minuten backen. Herausnehmen, Fruchtfleisch mit einem Löffel auslösen, lauwarm abkühlen lassen.

+ Für den Teig 75 g Quark mit Öl, 30 g Zuckerrübensirup und 1 Ei in einer Rührschüssel mit einem Schneebesen glatt verrühren. Mehl, Backpulver und 1 Prise Salz mischen, zur Quarkmischung geben und alles erst mit den Knethaken des Handrührgeräts, dann mit den Händen zu einem glatten Teig verkneten. Den Teig auf der leicht bemehlten Arbeitsfläche mit dem Nudelholz zu einem Kreis (ca. 30 cm Durchmesser) ausrollen und die Form damit auskleiden.

+ Für den Belag das abgekühlte Kürbisfleisch mit restlichem Quark, übrigem Sirup, dem übrigen Ei und der Sahne in einem hohen Rührbecher mit dem Stabmixer pürieren. Die Masse mit Zimt, Ingwer, Muskat und 1 Prise Salz würzen und vorsichtig auf den Teig gießen. Die Tarte im Ofen auf der mittleren Schiene etwa 35 Minuten backen. Herausnehmen und warm oder abgekühlt servieren.

Die Ernährungs-Docs
Zuckerrübensirup, auch Rübenkraut genannt, erhält seine dunkle Farbe und sein kräftiges Aroma durch das Kochen der Rüben. Er ist besonders reich an Folsäure und Mineralstoffen wie Kalium, Magnesium, Kalzium und Eisen. Im Vergleich zu weißem Zucker liefert er weniger Kalorien (ca. 300 Kalorien pro 100 Gramm), süßt aber dafür auch nicht so intensiv.

AUF DIE PLÄTZCHEN, FERTIG, LOS

Ob Makronen, Shortbread oder Weihnachtsgebäck: Traditionelle Plätzchen werden hier mit Dinkelvollkornmehl und natürlichen Süßungsmitteln statt Zucker gebacken. So kommen Zuckerfrei-Anhänger und Vollwert-Fans auf ihre Kosten.

PFLAUMEN-DINKEL-PLÄTZCHEN

Für ca. 50 Stück: Backofen auf 180 °C vorheizen. Zwei Backbleche mit Backpapier belegen. **120 g getrocknete Pflaumen** mit **100 ml heißem Wasser** etwa 30 Minuten einweichen, dann alles pürieren. **150 g Dinkelvollkornmehl, je 50 g gemahlene Mandeln und Haselnüsse, 2 EL Kakaopulver** (schwach entölt), **½ TL Weinsteinbackpulver** und **1 ½ TL Lebkuchengewürz** mischen. Pflaumenmus und **50 g weiches natives Kokosöl** dazugeben und alles mit den Händen rasch verkneten. Den Teig auf der bemehlten Arbeitsfläche etwa 3 mm dünn ausrollen, Kekse ausstechen und nebeneinander auf die Bleche setzen. Im Ofen nacheinander auf der mittleren Schiene 12 bis 13 Minuten backen. Herausnehmen, auf dem Blech abkühlen lassen.

Nährwerte pro Stück: ca. 40 kcal, 1 g EW, 2 g F, 3 g KH, 1 g BST

WALNUSS-MELASSE-SHORTBREAD

Für ca. 36 Stück: **150 g Dinkelvollkornmehl, 1 Prise Salz** und **½ TL Zimtpulver** mischen. Mit **125 g kalter Butter** in Würfeln, **50 g cremiger Melasse** (aus dem Bioladen), **1 Ei** (Größe M) und **100 g gehackten Walnüssen** rasch zu einem glatten Teig kneten. Zu einem Quadrat (ca. 16 cm Seitenlänge) formen, in Folie gewickelt etwa 1 Stunde kühl stellen. Backofen auf 180 °C vorheizen, ein Backblech mit Backpapier belegen. Den Teig auf das Blech legen und im Ofen auf der 2. Schiene von unten 12 bis 14 Minuten backen. Herausnehmen, warm in 36 Quadrate schneiden. Abkühlen lassen.

Nährwerte pro Stück:
ca. 70 kcal, 1 g EW, 5 g F, 4 g KH, 1 g BST

LIMETTEN-KOKOS-MAKRONEN

Für ca. 20 Stück: Backofen auf 150 °C vorheizen, ein Backblech mit Backpapier belegen. **2 Eiweiße** (Größe M) mit **2 TL Limettensaft** steif schlagen, **40 g Kokosblütenzucker** dazugeben. **2 TL abgeriebene Bio-Limettenschale** und **100 g Kokosraspel** unterheben. Aus der Masse mit zwei Teelöffeln Häufchen nebeneinander auf das Blech setzen. Im Ofen auf der mittleren Schiene etwa 20 Minuten backen. Herausnehmen, auf dem Blech abkühlen lassen.

Nährwerte pro Stück:
ca. 40 kcal, 1 g EW, 3 g F, 2 g KH, 1 g BST

APRIKOSEN-QUARK-AUFLAUF

Sonnengereifte Früchte werden hier mit Mandelblättchen in eine zimtige Quarkmasse gebettet – das schmeckt als warme Hauptspeise oder zum Nachmittagskaffee.

Für 2 Personen
Zubereitungszeit: 30 Minuten
Backen: 20–25 Minuten

Rapskernöl für die Form
300 g Aprikosen
2 Eier (Größe L)
2 EL Vollrohrzucker (Mascobado)
¼ TL Zimtpulver
250 g Magerquark
Salz
¾ TL Johannisbrotkernmehl
1 EL Mandelblättchen
100 g Himbeeren
(frisch oder tiefgekühlt und aufgetaut)

Nährwerte pro Portion: ca. 370 kcal, 28 g EW, 14 g F, 29 g KH, 6 g BST

+ Den Backofen auf 180 °C vorheizen. Eine kleine Auflaufform (ca. 15 x 20 cm) einfetten. Die Aprikosen waschen, halbieren, entsteinen und die Hälften in Spalten schneiden.

+ Die Eier trennen, Eigelbe mit Zucker und Zimt mit den Quirlen des Handrührgeräts cremig rühren. Quark dazugeben und gut unterrühren. Eiweiße mit 1 Prise Salz und ½ TL Johannisbrotkernmehl steif schlagen. Ein Drittel des Eischnees mit einem Schneebesen unter die Quarkmasse rühren, den Rest mit einem Teigschaber unterheben.

+ Die Masse in die Form füllen und glatt streichen, Aprikosen gleichmäßig darauf verteilen. Im Ofen auf der mittleren Schiene 20 bis 25 Minuten backen, dabei etwa 10 Minuten vor Ende der Backzeit mit den Mandeln bestreuen.

+ Inzwischen Himbeeren verlesen, waschen, mit 100 ml Wasser in einem kleinen Topf mit dem Stabmixer pürieren. Dann mit dem übrigen Johannisbrotkernmehl verrühren, einmal aufkochen und bei milder Hitze etwa 1 Minute leicht andicken lassen. Den Auflauf aus dem Ofen nehmen und kurz abkühlen lassen, dann mit warmer Himbeersauce servieren.

Die Ernährungs-Docs
Magerquark enthält viel Eiweiß (ca. 13 Gramm pro 100 Gramm), kaum Fett und weder Cholesterin noch gichtfördernde Purine. Außerdem punktet er mit einem hohen Kalziumgehalt und einer Palette an Vitaminen und Mineralstoffen. Mit steigendem Fettgehalt des Quarks nehmen die Anteile an ungünstigen, gesättigten Fettsäuren, Cholesterin sowie die Kalorien zu.

ZITRUS-JOGHURT-TORTE

Die saftige Torte hat was drauf! Der Mandelboden gibt der Joghurtcreme Halt, frische Orangen und Grapefruit setzen der weißen Pracht die Vitamin-C-Krone auf.

Für 1 Springform
(ca. 24 cm Durchmesser; 12 Stücke)
Zubereitungszeit: 1 Stunde
Backen: 20 Minuten
Kühlen: 3 Stunden 20 Minuten

50 g weiche Butter
40 g Kokosblütenzucker
500 g Joghurt (3,5 % Fett)
Salz, 2 Eier (Größe M)
100 g gemahlene Mandeln
100 g entöltes Mandelmehl
2 TL Weinsteinbackpulver
2 Orangen
1 rosa Grapefruit
200 g Kochsahne (15 % Fett)
20 g vegetarisches Geliermittel
(z. B. von Dr. Oetker oder Ruf)

Nährwerte pro Stück: ca. 240 kcal, 8 g EW, 18 g F, 10 g KH, 2 g BST

+ Den Backofen auf 180 °C vorheizen. Boden der Form mit Backpapier bespannen. Butter, 20 g Zucker, 50 g Joghurt und 1 Prise Salz mit den Quirlen des Handrührgeräts etwa 5 Minuten cremig rühren. Eier einzeln unterrühren. Mandeln, Mandelmehl und Backpulver gemischt dazugeben.

+ Teig in die Form füllen und im Ofen auf der mittleren Schiene etwa 20 Minuten backen. Herausnehmen und auf einem Kuchengitter abkühlen lassen. Boden vorsichtig stürzen und das Backpapier abziehen. Den Boden auf eine Tortenplatte setzen und mit dem Springformrand umschließen.

+ Inzwischen Orangen und Grapefruit so großzügig schälen, dass auch die weiße Haut mit entfernt wird. Die Filets zwischen den Trennhäuten herausschneiden, den austretenden Saft auffangen und den Rest der Früchte gut ausdrücken. Die Filets kühl stellen.

+ Die Sahne mit 15 g Geliermittel, 5 EL Zitrussaft und dem übrigen Zucker in einem Topf verrühren und nach Packungsanweisung zubereiten. Dann den restlichen Joghurt einrühren. Alles etwa 20 Minuten abkühlen lassen, danach auf dem Boden verteilen, mindestens 3 Stunden kühl stellen.

+ Den Formrand entfernen, die Zitrusfilets auf der Torte verteilen. Übrigen Zitrussaft mit Wasser auf 100 ml auffüllen und mit dem restlichen Geliermittel (5 g) in einem kleinen Topf verrühren. Alles einmal nach Packungsanweisung aufkochen, dann etwas abgekühlt auf der Torte verteilen. Vor dem Servieren fest werden lassen.

BANANEN-KIRSCH-MÜSLIRIEGEL

Die Knusperhappen aus Flocken, Bananen und Kernen sind fix zur Hand, wenn der kleine Hunger anklopft. Und Gelüste nach Süßkram sind schnell vergessen!

Für 12 Stück
Zubereitungszeit: 45 Minuten
Backen: 1 Stunde
Trocknen: 30 Minuten

2 reife Bananen
50 ml ungesüßter Mandeldrink
75 g getrocknete ungesüßte Sauerkirschen
2 EL Kürbiskerne
150 g kernige Haferflocken
50 g Dinkelvollkornmehl
50 g Kokosraspel
½ TL gemahlene Vanille
Salz
60 g weiches natives Kokosöl

Nährwerte pro Stück: 170 kcal, 3 g EW, 10 g F, 17 g KH, 3 g BST

+ Den Backofen auf 160 °C vorheizen. Ein Backblech mit Backpapier belegen. Die Bananen schälen, grob schneiden und mit dem Mandeldrink in einem hohen Rührbecher mit dem Stabmixer fein pürieren.

+ Die Kirschen grob zerkleinern, die Kürbiskerne hacken. Haferflocken, Mehl, Kokosraspel, Kirschen, Kürbiskerne, Vanille und 1 Prise Salz in einer Rührschüssel gut mischen. Bananenmus und Öl dazugeben und alles mit den Quirlen des Handrührgeräts zu einem glatten Teig verarbeiten.

+ Den Teig auf dem Blech etwa 1 cm hoch zu einem Rechteck (ca. 24 x 20 cm) glatt verstreichen. Im Ofen im unteren Drittel etwa 1 Stunde backen. Die Müsliplatte aus dem Ofen nehmen und auf dem Blech mit einem Teigrädchen oder scharfen Messer in 12 Riegel (à ca. 4 x 10 cm) schneiden. Backofentemperatur auf 100 °C reduzieren und die Riegel im Ofen noch etwa 30 Minuten trocknen. Herausnehmen und auf dem Blech vollständig abkühlen lassen. In einer Dose luftdicht aufbewahrt halten sie sich 3 bis 4 Wochen.

Die Ernährungs-Docs
Die selbst gemachten Müsliriegel sind eine gesunde Alternative zu fertig gekauften aus dem Supermarkt mit zugesetztem Zucker. Bananen enthalten zwar auch viel Trauben- und Fruchtzucker – je reifer die Frucht, desto mehr. Sie liefern aber zusätzlich Pektine – das sind wasserlösliche Ballaststoffe, die im Darm aufquellen und die Verdauung verlangsamen. In Kombination mit den Ballaststoffen, die ohnehin in Haferflocken und Vollkornmehl stecken, sorgen sie für einen langsamen Blutzuckeranstieg. Die Folge: Das Sättigungsgefühl hält länger an.

1DL/DECILITER

ENERGIEBÄLLCHEN

Sie sind garantiert von der Rolle, wenn Sie getrocknete Aprikosen und Feigen mit Mandeln im Knuspermantel naschen – die Kugeln versorgen uns mit neuer Power.

Für 25 Stück
Zubereitungszeit: 50 Minuten
Kühlen: 1 Stunde

200 g getrocknete Aprikosen
100 g getrocknete Feigen
1 Bio-Orange
150 g gemahlene Mandeln
50 g zarte glutenfreie Haferflocken
½ TL Zimtpulver
Salz
4 TL Kokosraspel
4 TL helle Sesamsamen
4 TL gemahlener Mohn
4 TL ungesalzene Pistazienkerne
4 TL gepuffter Amarant

Nährwerte pro Stück: ca. 90 kcal, 3 g EW, 5 g F, 8 g KH, 3 g BST

+ Die Aprikosen und Feigen in kleine Stücke schneiden. Die Orange heiß waschen, abtrocknen und die Schale fein abreiben. Die Orange halbieren und 5 EL Saft auspressen. Die Trockenfrüchte mit Orangenschale und -saft, Mandeln, Haferflocken, Zimt und 1 Prise Salz im Blitzhacker oder in einem hohen Rührbecher mit dem Stabmixer zu einer dicken Paste pürieren. Alles etwa 1 Stunde kühl stellen.

+ Inzwischen die Kokosraspel, den Sesam und den Mohn nacheinander in einer kleinen Pfanne ohne Fett bei mittlerer Hitze hell anrösten. Jeweils herausnehmen und getrennt auf kleinen Tellern abkühlen lassen. Die Pistazien hacken und ebenso wie den Amarant separat auf kleine Teller verteilen.

+ Aus der Fruchtmasse mit einem Löffel etwa 25 walnussgroße Portionen abstechen. Jede Portion mit angefeuchteten Händen zu einer Kugel rollen und jeweils 5 Energiebällchen in einer anderen Zutat – Kokosraspel, Sesam, Mohn, Pistazien oder Amarant – wälzen. Kühl und luftdicht verpackt halten sich die Energiebällchen etwa 2 Wochen.

Die Ernährungs-Docs
Trockenfrüchte wie Aprikosen, Feigen und Pflaumen sollten wegen ihres hohen Zuckeranteils nur in Maßen verzehrt werden. Dennoch sind sie als nährstoffreicher Snack die gesündere Alternative zu Schokoriegeln & Co. Um getrocknete Früchte zu erhalten, muss man dem frischen, vollreif geernteten Obst reichlich Wasser entziehen. Dabei bleiben die meisten Nährstoffe wie Kohlenhydrate, Vitamine, Mineral- und Ballaststoffe in der Frucht enthalten. Sie sind aber bei gleichem Gewicht viel konzentrierter.

Sachregister

Rezeptregister

Die Ernährungs-Docs

Dr. med. Anne Fleck ist seit Jahren auf dem Gebiet der innovativen Ernährungs- und Präventionsmedizin tätig. Als Fachärztin für innere Medizin und Rheumatologie mit Expertise in Naturheilverfahren und ganzheitlichen Heilmethoden verfolgt sie seit Jahren den Ansatz, modernste Spitzenmedizin, Zuwendung und Naturheilkunde effektiv zu kombinieren. Seit 2013 lebt und arbeitet sie im Herzen Hamburgs. Anne Fleck ist Mitglied in internationalen Fachgesellschaften, Autorin für Fachzeitschriften und tritt als Dozentin auf Kongressen und Fortbildungsveranstaltungen auf.

Dr. med. Jörn Klasen ist Facharzt für innere Medizin mit Schwerpunkt Magen-, Darm- und Lebererkrankungen, Ernährungsmediziner sowie Arzt für anthroposophische Medizin und Naturheilverfahren. Er kombiniert die konventionelle Medizin mit komplementärmedizinischen Methoden. Seit 2015 ist er leitender Arzt des Zentrums für integrative Medizin am Medizinicum Hamburg (Klinikum am Stephansplatz). Er hat außerdem zahlreiche Buchbeiträge verfasst, ist Lehrbeauftragter an der Universität Hamburg, hat Lehraufträge in Athen, Sofia und Zürich und ist Diplom-Heilpädagoge.

Dr. med. Matthias Riedl ist ärztlicher Direktor der von ihm 2008 gegründeten medicum Hamburg MVZ GmbH, die Diabetologie und Ernährungsmedizin mit neun angrenzenden Facharztrichtungen ganzheitlich verbindet. Der Internist, Diabetologe und Ernährungsmediziner ist außerdem als Publizist für Fachzeitschriften und Verlage, Dozent auf internationalen Kongressen und Lehrbeauftragter zweier Universitäten tätig. Im Vorstand des Bundesverbands Deutscher Ernährungsmediziner (BDEM e. V.) engagiert er sich für die Förderung der Ernährungstherapie. 2013 nahm ihn das Magazin „Focus" in seine Empfehlungsliste „Top-Mediziner" auf.

Dr. med. Silja Schäfer ist Ärztin für Allgemeinmedizin und Ernährungsmedizin und führt eine Schwerpunktpraxis für Diabetes und Ernährung in Kiel. Als ehemalige Leistungssportlerin und Trainerin interessierte sie sich schon früh für gesunde Ernährung. Jetzt als Hausärztin liegt es ihr am Herzen, eine gesunde und gesunderhaltende Ernährungsweise für alle zu ermöglichen. Seit Januar 2020 ergänzt sie das Team der beliebten Ernährungs-Docs im NDR.

ZU DEN AUTOR*INNEN

2015 war die Geburtsstunde einer bisher einzigartigen Fernsehreihe des NDR: Seither helfen die „Ernährungs-Docs" Menschen, die an ihren Gesundheitsproblemen fast verzweifeln. Für **Matthias Riedl, Anne Fleck, Jörn Klasen** und **Silja Schäfer,** allesamt erfahrene Ärzte, gilt: Essen als Medizin! Sie setzen gezielt auf moderne Ernährungsstrategien, um Symptome deutlich zu verbessern oder Krankheiten sogar zu heilen. Und beweisen an Bord ihrer Hausboot-Praxis, dass durch eine Umstellung der Gewohnheiten oft schon innerhalb weniger Monate erstaunliche Erfolge erzielt werden können.

Eine Auswahl weiterer Bücher:

- Die Ernährungs-Docs
- Diabetes heilen
- Starke Gelenke
- Gute Verdauung
- Starkes Herz
- Unsere Anti-Krebs-Strategie
- Gesund und schlank durch Intervallfasten
- Unser Anti-Bauchfett-Programm
- Gesund abnehmen mit der Darm-fit-Formel
- Unsere Anti-Jo-Jo-Methode

IMPRESSUM

Hinter jedem tollen Buch steckt ein starkes Team

Projektleitung: *Kathrin Ullerich*
Texte: *Franziska Pfeiffer*
Rezepte: *Martina Kittler*
Lektorat: *Kathrin Gritschneder*
Redaktionelle Mitarbeit: *Josephine Danneberg*
Covergestaltung: *ZERO Werbeagentur, München*
Grafische Gestaltung: *ZERO Werbeagentur, Karin Miller*
Satz: *Christopher Hammond, Karin Miller*
Rezeptfotografie: *Claudia Timmann*
Foodstyling: *Pedro Torres, Claudia Seifert*
Porträtfotos: *Claudia Timmann*
Herstellung: *Frank Jansen*
Producing: *Jan Russok*
Druck & Bindung: *optimal media GmbH, Röbel*

In Zusammenarbeit mit und lizenziert durch
nonfictionplanet GmbH, Hamburg

6. Auflage 2025

Kaiserstraße 14 b
D-80801 München
ISBN: 978-3-96584-003-4

BILDNACHWEIS

Shutterstock: 8, 10/11, 22/23, 30, 32; Illustrationen: Shutterstock

HINWEIS

Die Ratschläge in diesem Buch wurden mit größter Sorgfalt von Autoren und Verlag erarbeitet und geprüft. Eine Garantie kann jedoch nicht übernommen werden. Ebenso ist eine Haftung der Autoren bzw. des Verlags und seiner Beauftragten für Personen-, Sach- oder Vermögensschäden ausgeschlossen. Erkrankungen mit ernstem Hintergrund gehören in ärztliche Behandlung! Bei bereits bestehenden Beschwerden kann das Buch daher keinen fachärztlichen Rat ersetzen.

Besser essen statt Medikamente

Die Ernährungs-Docs Diabetes heilen: Unsere 100 besten Rezepte

---

ISBN 978-3-96584-459-9

Die beste Medizin kommt aus der Küche